U0085186

思想觀念的帶動者

文化現象的觀察者

本土經驗的整理者

生命故事的關懷者

心靈工坊 |PsyGarden|

Holistic

探索身體，追求智性，呼喊靈性

攀向更高遠的意義與價值

是幸福，是恩典，更是內在心靈的基本需求

企求穿越回歸眞我的旅程

當生命陷落時

與逆境共處的智慧（二十週年紀念版）

When Things Fall Apart: Heart Advice for Difficult Times, 20th Anniversary Edition

作者——佩瑪・丘卓（Pema Chödrön）
譯者——胡因夢、廖世德

目錄 contents

各方推薦

若過去這二十年您都錯過這本經典的話，現在機會來了，很高興心靈工坊再度推出佩瑪·丘卓的《當生命陷落時（二十週年紀念版）》，它不只能幫您從陷落的生命中走出，更能讓您面對自己、洞見眞實，進而活出喜悅與自信。人生沒有多少個二十年，請別再錯過！

陳德中（台灣正念工坊 執行長）

時光荏苒，《當生命陷落時》，竟已出版二十個寒暑。

回想起當初眞切地爲這書寫序的心，如今體會得更深。

近十年爲了環境、節能、獨老與孝道，站在第一線奔走，時常會面臨到許多令人心碎、無法想像的故事，我感到難過，但也同時不放棄希望。更感受到本書中所談，唯有不斷地自我覺察、時而引導自我回溯至心靈的本源，方能再見寧靜與智慧。

祝再一個影響人心的二十年！

張淑芬（台積電慈善基金會 董事長）

身爲對佩瑪・丘卓滿懷感恩的一名學生，我長久以來一直都在學習一門最緊要、也是無法逃避的功課：如何讓我的心胸更加開闊。

作家 愛麗絲・華克（Alice Wallker）

佩瑪・丘卓書中有許多實用的建議，她告訴我們佛法如何幫助讀者面對現代生活的嚴峻現實——包括恐懼、憤怒，還有控制不了自己生活的感覺。

《出版者週刊》*Publishers Weekly*

或許佩瑪的語言如此深得各種信仰的讀者共鳴，就在於她是普世共通的。每個人都經歷過傷痛，就佩瑪所言，我們如何與這種經驗互動，就決定了我們是否可能創造更喜樂的人生。

《歐普拉雜誌》*The Oprah Magazine*

紀念版推薦序1

讓溫柔終止磨難

賴佩霞（魅麗雜誌發行人、身心靈老師、作家）

每個人的內心深處都有一處溫柔，無論遇到任何挫折、憤怒、仇恨，只要願意安靜下來爲它注入溫柔、柔軟，讓那看似堅固的抗拒心融化，愛與慈悲將自然運作。

我更喜歡用溫柔兩個字來描述愛與慈悲；愛常常被污名化，太多的惡質行爲在自我狡辯中常把它歸咎爲愛，慈悲也常被扭曲，一味要求別人順應自己的意，才符合自己眼中的慈悲。然而溫柔，就這麼淺顯易懂：溫柔地善待自己和善待別人。

我非常喜歡這本書。雖然我讀過的佛經屈指可數，但作者提到的每個體悟都如此印心，想必都是從靜心中得到的啓示，才能如此相應一致。我雖不是出家人，但修行的心意在多年前就已經非常明確。我喜歡作者說的，修行不是讓你更超脫，而是讓你更貼近痛苦。

靈性成長的啓蒙我很早就開始，同時，我又喜歡所處的花花世界。如何在修練中所得到的啓發，運用到生活上，就是我的修行的意圖。我選擇過一個普通人的生活，同時靈性上卻有著無限寬廣的企圖心。我應該是作者說的第二種自私的人：聰明的自私者知道要爲自己好，而最好的方法就是爲別人好。這種爲別人好所產生的結果卻是喜悅的。

我嚮往與人爲善的幸福。

幸運的是我的先生也是如此，同樣的價值觀讓我們不只是夫妻更是同修。我們有自己的拗脾氣，是外人所觸及不到的，文明把我們形於外的行爲規範得很好，換句話說，行爲得宜、風度不錯，但內心世界的波濤洶湧，常常只有我們兩個人知道，連子女們可能都不清楚。

如果你也自許爲修行人或也認同溫柔的力量，請一定要邀請這本書進入你的世界。作者絕對是對俗世有過痛徹心扉的體悟，同時又洞悉內在無與倫比的溫柔修煉者，才可能如此清晰地萃取出愛與慈悲的精髓。

感謝存在，在我修行三十年後的今天，仍有人會帶給我抗拒，之前，我的方式就是離開該人的範圍，眼不見爲淨，井水不犯河水，各過各的也能享有某種安逸。但我知道，刺還在，只是少了撥動的頻率而已。然而，我內在的修行者一直督促著我，只要有惡念，就要剷除，否則，我無法平靜、心安。

在我的招喚下，感謝心靈工坊邀約寫本書的推薦序，就在我讀到第十三章的時候，那根刺看到了它得以化解的契機，我讓自己扎扎實實的看了幾遍。沒辦法，有個固執的我需要被馴服，需要一點耐心。我細細咀嚼文字底層湧上來的溫柔。我再次聽到內心對該人物的批判、指責、不屑與抗拒。雖然接下來的話已聽過千百次，但就在今天，在佩瑪·丘卓的印心下，那層固執的紗被掀了開來。

作者說，「雖然這種觀念在佛法裡是很平常，可是要實踐卻很困難。更難的是聽到人家說我們對外排斥些什麼東西，就是在排斥自己內心的什麼東西；排斥自己內心的什麼東西，投射到外界就排斥什麼東西。我們恨自己的某個部分，就會恨別人的那個部分。」這一次，我想潛入這句話的核心意義。

於是我躺到床上問自己，那個人爲什麼讓我如此痛心、憤怒？很快冒上來的是：他的行爲粗暴、惡霸、傲慢，沒有尊重、沒有反省、沒有道歉。這些指責很快上腦，因爲只要一想到他，內心的評斷即刻尾隨而上。然後我告訴自己，我最恨自己的就是這樣的行爲……是的，我無法忍受自己類似的行爲，因此才執意走入修行。

接下來，我讓那些多年來深藏的壓抑浮上意識層面，我用溫柔的品質邀請它們，與之相融、交會。這時，我左胸一道如利劍貫穿的傷口，從一個固著的點擴散到整個左半身，一直到頭頂和每一根腳趾，像電流一樣蔓延開來，我的身體疼痛不已。同時，我感知到那根箭正在軟化，傷痛正在被吸收、被安撫、被釋放、被溶解。而我開始釋懷，身體變得柔軟。

這時，聽起來也許有些弔詭。我接受了被我身心共同壓抑的暴力，我聽了作者的建議，讓溫柔醫治了我對暴力的譴責與抗拒。謝謝這本書，謝謝佩瑪．丘卓，謝謝心靈工坊，謝謝自己，也謝謝那位冒犯我的人，他幫助我看到我內在對善的偏執，同時也軟化了我對自己內在暴力的譴責。

我準備把這本書放在垂手可得的地方，以備不小心陷落時能幫自己少受一點磨難。回到柔軟、溫柔，也就是愛與慈悲的出處。這是我今天的推薦與分享……歡迎你也一起來探索那無邊際的溫柔與慈悲。

紀念版推薦序2

繁花盛開後的寂靜

江榮原（阿原工作室創辦人）

九〇年代之間，藏傳佛教開始在台灣蓬勃發展，加上達賴喇嘛尊者、賴聲川先生、陳履安副總統等名人加持效應，一時之間接觸佛法變成流行又尊貴的現象。又有慈濟團體、法鼓山日以繼夜廣行慈善環保的社會運動，心向宗教不但不再迷信，反而變成內在與外顯價值的另一種自我追尋。

同時期嗅覺靈敏的出版社更不會錯過流行風潮，開始大量有系統引進南傳佛教阿姜查禪師的禪學著作，日常老和尚也以做學問的深度，綿密不絕傳送宗喀巴大師的《菩提道次第廣論》。學術界同時在台灣大學電機工程系李嗣涔教授、清華大學物理系梁乃崇教授、東吳大學物理系陳國鎮教授的帶領下，用科學語彙辯證佛學相關的甚深研討，他們心胸開放地說，科學啓發和佛法智慧兩者和而不悖。

那是一個心靈美好繁花盛開的時代，我是在這樣的機緣下被觸動了聽聞佛法的興趣，一如年少閱讀瓊瑤並非爲了愛情，年長深讀金庸也不是要挑戰人性，而是時間對了、機緣對了，就順勢讓它發生。我的啓蒙老師陳錦德先生說：「你們不要懷著罪惡感和進度表修行，也別以爲多上我幾堂課會消業障得福報，如果這麼想，我寧願你們下班後出去逛大街吃大餐」。是啊，道是日常、法是自在。一部二六〇字的心經，在羅斯福路台電大樓的員工禮堂被他說了好多年永遠有新解，課程斷續、同學來去，和老師匆匆緣淺，後來也斷了音訊，轉而獨自進入新時代意識、賽斯、瑜伽等不同課程的追求。

離開老師以後我常想，幫你開窗的人未必是陪你旅行的那一個，人生道途無從結伴，自己的腳印才是從有限生命走向無限生命的證據，一個人見識了光的魔力，就回不去黑暗，就算我不再進課堂聽聞佛法，也應該要透過平常生活的喜怒哀樂來檢查自己的七情六慾，許多事情我接受自己有做不到的極限，但我不願意當想做而不去做的那一個。人生拼圖難全，遺失而缺角和猶豫不放手的結果不同，放手那一刻才是靈修的開始，我終於放掉了投身十七年的廣告行業。

爾後三年靠著一點點存款支持著搖搖擺擺的勇敢，開啓中年之路。然而我終究脆弱，在存款即將用罄又看不見未來的時候整個人變得慌亂，開始批判又暴躁，好不容易因著修行獲得的一點點靜心被現實生活再度碾碎。就在這個時候一位感情被騙受傷很重的美月師姊推薦我看這本由佩瑪．丘卓所寫的書《當生命陷落時》，在延平北路那間窄小又瀰漫燻人香煙的二樓公寓裡，她語調緩慢地說：「小江，不能和痛苦做朋友，你不會懂眞正的幸福叫什麼！」聽說往後漫長的痛苦一直沒有離開她，但是她在載浮載沉的折磨中綻放了以前沒有過的微笑。

這本《當生命陷落時》我在十五年前細讀兩次，肯定它是一本用痛苦、失落佐以勇氣與慈悲寫成的書，十五年後再讀，中年滄桑所懷疑的一切在書裡被摧毀，拼搏半生的成就在書裡被消融，只剩下清淨隨行。作者說：「切斷自己的期待可以治療我們的傷痛」，我完全認同。花朵要吸收地水火風的變化才有讓世人讚嘆的豐豔姿態，人也要飽足苦集滅道的完整後才可以圓滿闔目，沒有陷落不見高低，沒有苦痛何來甘美？生命陷落處，正是智慧要攀向高峰時。

中文初版推薦序

點燃生活的明燈

鄭石岩（作家、心理學家）

這是一本很具啓發性的書；能爲你解開心中的無明，除去煩惱的障礙，從而發展正確的生活態度，讓生活過得透脫自在。

生命是一個艱辛的歷程，它既須具備活下去的能耐，又需要清明的智慧。尤其生活在現代這個社會，缺乏知識技能，不能抱持積極堅毅，當然無從發展生涯，締造幸福的人生。不過，人並非僅靠聰明和堅毅就能活得好，因爲這個自由開放的社會，有太多的誘惑、衝突和糾葛，缺乏看清楚的智慧，就容易失衡和迷失。

什麼是生活的智慧呢？簡單地說，就是凡事看清楚，面對眞實去生活，不被虛假所困。看清本末，知道回歸生活，珍惜生命，而不縱欲、追逐和佔有，這就是智慧。這本書能幫助讀者開啓「法眼」，看清生活與生命的眞實，活在「如來」之中。

多年來我從事助人的工作，發現痛苦的根源，是生活偏離眞實所致。生活本來是現成的，每個人注定要依自己手中所握的資材，來實現其生活；隨自己的根性因緣，走他的人生路。每一個人都是唯一的、獨特的，都值得肯定。但大部分的人，不願意接納自己、實現珍貴的自己，反而要把自己變成別人的樣子，抄襲別人的生活和人生。放棄了自己，荒蕪、背叛自己的生活，這樣怎麼可能活得愉快呢？

現代人的欲望受到過分的刺激，汲汲於爭奪和佔有，發展出如飢似渴的追求態度，疲於奔命，而使生活變得枯燥，厭倦和沮喪。生活失眞是現代人苦難的根源，憂鬱、空虛和頹廢正是現代人心病。

我們往往抱著既有的成見來看待生活，用虛妄不實的野心忖度世事。錯誤與偏見蒙住了雙眼，於是看錯了人生的方向，陷入生活的僵局，喜樂和幸福漸漸被痛苦吞噬。我們對生活看得越清楚，就越能作正確回應和調適，從而獲得幸福。反之，若無法認清生活的本質，則越容易錯誤和迷失，而無法選擇正確的行動。

許多人懼怕面對現實，找了許多理由來曲解現實，爲的是逃避它的挑戰。結果，不但造成疏離與挫敗，心智成長的機會也斷送了。我相信心靈的不幸，就肇端於此。人們最常犯的錯誤是：

◉ 將成見或主觀的想法，一廂情願地奉為圭臬。

◉ 曲解現實，然後依錯誤的解釋來看待生活。

人若不能覺察生活中失真的問題，就會偏離正軌，失去幸福和快樂。明智的生活態度，是看清眞實，避免成見與曲解。這不但能提升生活與工作和效率，累積成功和生活經驗，同時能開展寬闊的人生視野，看出生活的喜悅和希望。

面對眞實的生活就是覺者。

這本書能打開你的慧眼，讓生活更踏實、喜樂。它是西藏金剛乘阿尼丘卓對弟子的開示記錄。全書共二十二篇，看起來是一篇篇獨立的開示，實際上是一盞盞精神生活的明燈，能照亮你心中的晦暗，打開無名的心結，相信你會從中尋獲亮麗的生命珠寶。

譯序

無懼的智慧傳承

胡因夢（作者、身心靈療癒課程講師、譯者）

十餘年來我在眞實生活裡一直扮演著「向西方取經」的角色，並試圖從眾多現代智者的著作中，爲中文讀者揀選出傳達終極眞理的教誨。大部分的時間我都待在自家的藏經閣裡，使出水磨功夫，完成了克里希那穆提及肯恩・威爾伯這兩位證悟賢者近十本英文原著的中譯本。另外一位對西方世界影響深遠的藏密法師——創巴仁波切——也是我想引介給中文讀者的精神導師之一，只可惜雖然有緣譯出他最受歡迎的著作《突破修道上的唯物》，卻無緣付梓出版。後來此書由繆樹廉先生完成，眾生出版社發行。

多年前我移民加拿大溫哥華。靠近維多利亞大學附近有一家著名的形上學書店，店內人文氣息濃厚，有別於其他幾家商業化的新時代書局。有一天我到這家書店找書，瀏覽著書架上新問市的幾本佛學著作，正思忖著該從哪本書下手的時候，一名加拿大女子從我身邊走過，很友善地建議我務必閱讀一下眼前的那本《當生命陷落時》。於是我站在書架前開始翻閱這位稀有的美籍阿尼[1]的暢銷書。

看完封底作者簡介，才知道佩瑪・丘卓原來是創巴仁波切最傑出的大弟子之一。書中內文一開始的第二章便以坦誠而自在的敘述方式，剖露了作者得知丈夫有外遇時的眞實心境，她說：「我還記得當時我感覺天空非常寬闊，屋邊河水潺潺，茶杯裡冒著熱氣；時間突然停了下來，我腦筋一片空白，裡面什麼都沒有——只有光和無邊的寂靜。接著我回過神來，撿起一塊石頭，向他砸了過去。」

「撿起石頭砸向變心的丈夫」這個意象，帶給我一股原始而有力的震撼感，我很想知道這位氣概激昂的女性一旦踏上道途會有什麼結果？她到底想引領讀者進入

1 編註：藏傳佛教對出家女衆的稱呼。

什麼樣的體悟？而她與她的精神傳承結緣又是什麼樣的前因後果？

佩瑪・丘卓本名 Deirdre Blomfield-Brown，一九三六年誕生於紐約市，在康乃狄克州完成中學教育之後，進入加州大學柏克萊分校深造。畢業後她分別在加州與新墨西哥州擔任過多年小學老師的教職，出家前人生閱歷頗爲豐富，她結過婚，育有二子，後來因先生外遇而離異，三十五歲左右在阿爾卑斯山巧遇 Chime 喇嘛，並追隨這位仁波切潛修多年。一九七二年佩瑪在 Chime 喇嘛的鼓勵之下，與她的根本上師創巴仁波切初次相會，從此堅守三昧耶誓，與仁波切展開了長達十四年的師徒共修情誼，本書第二十章對個中的心境轉折有十分動人的描述。

談到創巴仁波切，這位在藏密傳承中素因作風前衛大膽而備受爭議的第十一世轉生祖古，可以稱得上是歐美人士心目中最具有影響力的精神導師之一。他早期接受的養成訓練涵蓋了葛舉派與最古老的寧瑪派傳承，同時也是利美運動不分教派的支持者。西元一九五九年，創巴正值二十歲那一年，爲了脫離中共的宰制，他率同一群西藏僧人橫渡雅魯藏布江，攀越喜馬拉雅山，歷經險阻艱難，僅靠著煮食犛牛皮充飢裹腹而安全逃抵印度。

從一九五九年至一九六三年，創巴仁波切受達賴喇嘛委任，擔負起「青年喇嘛家庭學院」的精神顧問一職。就在這段期間，他開始學習英文，接觸西方人士，爲日後在西方世界弘法利生奠定了良好的基礎。

一九六三年，丘揚・創巴在英國友人的協助下獲得一筆獎學金而前往牛津大學深造。一九六七年他在蘇格蘭創立了第一所藏傳佛法靜坐中心——桑耶林，不久卻因車禍而導致左半邊身體痲痺。這個事件爲他帶來了清晰又充滿著解放意味的心靈啓示，他決定不再囿於莫測高深的僧侶形象，而選擇捨戒還俗。一九六九年，創巴仁波切完成生平第一本英文佛學實修著作《動中修行》（*Meditation In Acton*），分別在英國及美國出版；這也是香巴拉出版社發行的第一本書籍。

次年，丘揚・創巴與英國女子黛安娜・派碧斯成婚，並受邀前往美國科羅拉多大學教授佛法。這時桑耶林培訓的一批學生已經在佛蒙特州爲創巴建立了「虎尾」靜坐中心，仁波切與北美的深厚因緣從此締結。佩瑪與她的根本上師就是在這個年代結識的。

創巴仁波切一生著作等身，總共出版了十四本富有時代精神的現代佛典。他最爲人尊崇的才能就是擅長以西方人的思維模式，來詮釋傳統佛法的最高旨趣。他融通東西方哲學、宗教、心理學、藝術、戲劇等文化素材，因而攝受了眾多知名文藝界人士，詩人愛倫・金斯柏格就是他的追隨者之一。七〇年代歐美正瀰漫著自我放逐式的個人主義氛圍，創巴仁波切每每以出乖露醜的「脫稿演出」來勾牽這些散漫不馴的花童，打破他們在上師身上設定的完美標準。本書第十六章中，佩瑪對這些人的求道態度作了一段有趣的描述。

創巴仁波切在科羅拉多州建立的「那洛巴學院」，被超個人心理學家肯恩・威爾伯喻爲目前全美唯一的一所眞正具有整合精神的佛學院。後來在學生及好友鈴木大拙的支持之下，創巴仁波切又設立了「金剛界」這個世界性的組織，來統籌管理全美的直屬靜坐中心。八〇年代，仁波切開始發展出一種傘狀的世界性培訓組織，取名爲「香巴拉精神戰士中心」，並結合了日本書法、花藝、茶道、養生、舞蹈、劇場及心理治療等課程項目，爲的是將藝術融入日常生活的修行中。

一九八一年，佩瑪・丘卓在十六世大寶法王親自主持的中國顯宗圓頂儀式中成爲正式的尼師，並出任科羅拉多博德市「行動堡壘」靜坐中心主任。一九八四年，創巴仁波切在加拿大東岸新斯科夏省遠離塵煙的一座小島上，建立了氣質素樸的甘波修道院，並指派佩瑪・丘卓爲首任院長，這是北美第一所爲西方人建立的藏密修行寺院。

一九八七年的四月，創巴仁波切在加拿大新斯科夏省辭世，享年四十八歲，他短暫而豐碩的一生以及精彩絕倫的演出就此劃下句點。數年後，他的衣缽傳人歐賽天津也相繼過世。一九九五年五月，創巴仁波切的龐大弘法事業開始轉由他的長子統理。

佩瑪・丘卓承繼了這個無懼的智慧傳承，她的五本著作使她成爲西方世界少數受人尊崇的女性佛教導師，《當生命陷落時》是其中最受讀者喜愛的一本演講集。佩瑪憑著女性特有的細膩體察，以信手拈來、才華橫溢的弘法風格，將藏密大手印直下覷透的立斷智慧，融合西方心理學對內心現象的詮釋技法，幫助現代人在日常生活中以基進、慈悲而又充滿著幽默的無求之智，勇敢面對生命陷落時的悲苦與困窘。

本書在第一章即點明精神旅程首先必須面對「普世性的恐懼」。恐懼乃是生物的自保本能，我們內心的反應——包括起心動念、情緒和各種身心的覺受——之中，處處可見恐懼的蹤跡。大部分人所提供的解決之道，幾乎都是一些不直接面對恐懼的安慰及紓解方法，然而佩瑪本著大手印的傳承精神，提醒讀者「勇者並非無懼」，而只是願意親近恐懼、揭露恐懼、探索恐懼，也就是能靜觀事物的崩解而絲毫不逃避當下。佩瑪指出「安住在原處不動，釘牢在原來的時空點上」，這份內心的實修體悟，就是正念或藏密所強調的「處理能量」要達到的目標。她所指出的解脫之道，基本上和禪宗的直下覷透或克氏所說的如實觀察都是旨趣相通的。

克里希那穆提曾經說過，只要清楚地看見自己的眞相，問題當下就能解決。佩瑪在本書第三章的第十五段提出了有別於克氏的觀點，她發現心中的煩惱並不會因爲如實見到而當下解決，「我們會有很長一段時間只是看得很清楚罷了」，那些耽溺和壓抑的內心反應照舊會產生，「但是因爲我們願意認清自己的耽溺和壓抑，耽溺和壓抑自然會慢慢耗盡」，並因而產生比較開闊和寬大的心胸。在這一點上我個人的體會較偏向佩瑪的觀點，不過必須強調的是，透過自知之明所發展出來的開闊和寬大，與世俗社會公關應酬式的圓熟是截然不同的心理狀態。

數息、隨息、觀息一向是佛教常用的止念法門，然而主張「全觀」的老師——譬如創巴仁波切、克氏、肯恩．威爾伯——都認爲此法只能用在前行階段，因爲容易縮小覺察的範圍。佩瑪在第四章「如實安住」一文中介紹了創巴仁波切所教導的止觀雙運法門——將大約四分之一的注意力微微地放在呼出的氣息上，其餘的覺察力則放在覺察週遭事物；如果有妄念生起，就在心中稱其爲「念」，然後輕鬆地回來覺察呼出的氣息。創巴仁波切多年來不斷地改良禪定方法，克氏則早就提出不當運用機械化的持咒法門，很可能會造成腦部退化，修行者對各種方法的使用不可不謹慎。

在第五、六、七章中，佩瑪重新詮釋了慈悲、自制和棄世這類早已淪爲老生常談的傳統佛教理念。「慈悲」以往總被視爲一種善待其他眾生的理想態度，佩瑪卻認爲慈悲乃是了解自己、認識自己的慣性模式、不再戴上人格面具、不再自欺、不需要奮力掙脫痛苦、也不需要變成更好的人。換句話說，就是「完全放棄內心的掌控欲望，並瓦解所有概念和理想的一種開放的胸懷」。「自制」在傳統上一向意味著壓抑欲望的戒行，佩瑪卻賦予了更深刻的觀察。她以原創的詮釋方式，將所有意識活動最底端的空性形容成一種無依無恃的境界，然而這個境界總是被我們感受成不安和恐懼，而「自制」就是了解這份不安與恐懼的方法，此法可以使我們安住在無依無恃的狀態。面對著動蕩不安的外在世界，大多數人都會感到無所依恃，然而從佛法究竟眞理的角度來看，這卻是眞正解脫的大好機會。一談到「棄世」，人們往往會聯想到拋棄世俗的一切財物、名望、情感等等牽累，而選擇剃度出家的生活形式。佩瑪對「棄世」有一番截然不同的見解。她說明棄世的眞諦就是放棄心中趨樂避苦的那份希望，放棄有一個固定而獨立的自我的那份信念。佩瑪強調佛法既非信仰，亦非教條，如果企圖抓取其中的精神，佛法就崩解了，我們必須不抱希望，才能有所體悟。這樣的精神完全吻合禪或中觀的究竟眞理。也就是克氏所說的「從所有的已知中解脫」。

在第六章中佩瑪詮釋了「孤獨」的六種涵意：寡欲、知足、不從事不必要的活動、完整的紀律、不留連於欲望世界、不藉散漫的意念尋求安全感，爲的是幫助我們跨進一個沒有軌則的中道世界。坊間出版了許多探討孤獨的著作，佩瑪將孤獨與實修結合，似乎提供了更徹底的引領。

無常、苦、無我雖然是人生最深的本質，卻往往因爲詮釋得不夠透徹，而導致聞者的反彈和排斥，誤以爲這樣的觀點太消極、太負面了。因此，佩瑪建議我們在痛苦和脆弱之中發現菩提心的眞諦，在無常之中認出宇宙的和諧性及至善，在不抗拒無常之中體悟無我，在魔障之中和本慧連結。

如今正值恐怖主義橫掃全球，各種天災人禍接踵而至，並透過媒體送到每一戶家庭，藏密古老預言中的黑暗時代景象，似乎已遮蔽千禧年的樂觀願景。從根本上來看，人類會因爲宗教信仰的派別不同而相互殘殺，顯然是因爲執著於自己的意識形態、價值觀及信念系統所致，而似乎也只有超越上述種種意識活動和細微幻象的終極眞理，才能幫助整體人類在自心中覓得眞正的解脫之道。誠如本書末章所引用的創巴仁波切名言：「從我們困惑的心中所生起的一切現象皆可視爲解脫之道。凡事都能行得通。這是無懼的宣言，如同獅吼一般。」

但願本書從法性自然流露的警語，能引領所有面臨困境的讀者，在每一個當下勇敢邁入內心那曖昧不明、無所依恃的聖境。

前言

一九九五年我休了一年的假。整整十二個月我完全沒做事。那是我一生中精神體悟最豐富的一年。除了放鬆之外，我沒做什麼認眞的事。我只是看書，健行，睡覺。我煮東西吃，打坐，也寫點東西。我沒有行程，沒有時間表，也沒有什麼「應該做的事」。這一段時光完全開放，不定時，讓我消化了許多東西。雖然放鬆，我還是做了一件正經事——我讀完了兩紙箱錄音帶的謄寫稿；那是我從一九八七年至一九九四年所做的演講。這些演講和《不逃避的智慧》（*The Wisdom of No Escape*）這本書中記載的一個月閉關活動中的談話方式，或是《原地出發》（*Start Where You Are*）中所記錄的修心式的談話都不一樣，因爲其中沒有什麼統一的主題。我偶爾看個幾頁，發現裡面有些輕鬆愉快的東西，也有賣弄學問的東西。面對這麼多自己的文字，感覺既有趣，又尷尬。漸漸地我發現，不管我選擇的是什麼主題，不論是哪一年在哪一個國家講的，從某方面來看，這些演講都只是在闡述同樣的東西：我們都需要「慈」（對自己的愛），然後從其中逐漸喚醒對人對己之痛苦無懼的慈悲心。在我看來，這些談話的背後都有一個觀點，那就是我們要跨進未知的領域，輕鬆地看待自己無依無恃的情境。另外一個主題則是接受我們平常逃避的東西，消除我們與他們、這個與那個、好與壞之間二元對立的緊張。我的老師丘揚・創巴仁波切（Chögyam Trungpa Rinpoche）曾經說過這就是「趨向尖銳點」。如今我終於明白，這七年來我只是在消化和傳達創巴仁波切大膽而有益的開示罷了。

深入去看這些談話的內容，我發現自己要完全體悟老師的開示，還有很長的路要走。但是我也發現，盡力實踐老師的開示，與他人分享身爲學生的修道經驗，使我得到一種前所未有的幸福與滿足感。就像我以前常說的，和自己心裡的魔障作朋友，和這些魔障帶來的不安作朋友，反而使你有一份簡單而含蓄的輕鬆與喜悅。明白這一點，總是讓我不禁失笑。

那一年差不多過了一半的時候，我的編輯艾蜜麗・希爾本・雪兒無意間問我有沒有什麼談話錄音可以出第三本書。於是我就把那兩箱謄稿寄給她。她讀了之後，胸有成竹地告訴香巴拉出版社說：「我們又有一本書了。」

接下來的半年，她不斷增、刪、改、編，而我卻擁有極大的奢侈，進一步地將其中每一篇修到自己滿意為止。我平日裡只是休息，看海，散步，除此之外，我的心思時常沉浸在這些談話中。老師有一次曾經對我建議：「放輕鬆，寫點東西。」那時候我還不覺得自己眞的有辦法放輕鬆，寫點東西。然而幾年過去了，如今我卻眞的照他的建議在做。

本書就是一年無所事事跟艾蜜麗合作的結果。

希望這本書能鼓舞你全心全意地過生活，並且認眞地體悟誠實、慈愛及勇氣的眞諦。如果你生活混亂，壓力很大，那麼這本書裡面有很多建議都是你需要的。如果你正好處在人生的過渡期，因為失去了某些東西而痛苦不堪，或者在根本上感到焦慮不安，這些教誨都是為你量身訂做的。這本書的要點是，我們都需要人家提醒與鼓勵，才懂得輕鬆面對道途上所遭遇的任何事物。

當我們實踐這些開示時，我們就加入了一個由師徒共同組成的久遠傳承，這個傳承早已將佛法融入於日常生活的起伏中。他們已經和自己的自我作了朋友，並且在其中發現了智慧，而我們也可以辦得到。

我要感謝光明的持有者，可敬的丘揚・創巴仁波切，他把自己的一生完全奉獻給佛法，熱切地將其中的精義傳遞給西方人。但願我從他那裡得到的啓發能夠感染世人。但願我們都和他一樣過著菩薩的生活。但願我們都不會忘記他所說的：「混亂應該被視爲大好消息。」

佩瑪・丘卓

一九九六年於加拿大新斯科夏省歡喜灣甘波修道院

懷著信賴、愛、感激，
獻給薩將·密潘仁波切

第一章

親近恐懼

接近真相，
自然會感到恐懼。

展開精神旅程，就像乘小舟進入汪洋大海尋找未知國度一般。誠心的實修會帶來心靈啓示，但是我們遲早都會遭遇到恐懼。大家都知道，一旦接近地平線，我們就會從邊緣地帶掉下去。所有的探索者都一樣，都很想知道那裡到底有什麼東西在等著我們，可是卻不知道自己有沒有勇氣面對那些東西。

我們對佛法產生興趣，決心一探究竟，但是我們很快會發現，大家在如何修持這件事上往往充滿著各種偏見。我們藉著洞見禪修來練習正念，徹底意識到自己的行爲與思想。我們聆聽禪學演繹的空義，接受挑戰，和那開放而又廣大無垠的澄明之心相連。金剛乘[1]給了我們一種概念，要我們處理各種情境的能量，觀察那覺醒的狀態和這些能量是不可分離的。這些方法隨便哪一個都可能吸引我們產生動力，懷著熱情向前探索。但是，如果我們想深入表相之下，毫不猶豫地修練，到了某個時刻，我們不可避免地會經驗到恐懼。

恐懼是一種普世性的經驗。即使是最小的昆蟲都會感到恐懼。譬如我們跑去海邊弄潮玩水，看到海葵，用手一摸牠，牠立刻縮了起來。每一種生物一有恐懼都會自動收縮。一面對未知就感到恐懼並不是什麼可怕的事，那是活著的一部分，所有的生命共有的一部分。我們一感覺有孤獨的可能，死亡的可能，感覺沒有東西可以讓我們抓住，內心就會產生恐懼的反應。接近眞相，自然也會感到恐懼。

碰到任何經驗，如果我們努力安住在經驗中而不逃避，我們的經驗就會變得非常強烈。沒有地方可以逃避的時候，事情會變得非常清楚。

在某一次閉關中，我深深體悟到一件事，我發現我們不可能既安住在當下而又同時任由妄念編撰劇情！我知道這聽起來沒有什麼，可是一旦親自領悟到這一點，你一定會變。眼前的這一刻，你是這麼清楚地見到無常；這麼清楚地見到慈悲、驚奇、勇氣，也這麼清楚地見到恐懼。事實上，一旦站在未知的邊緣，完全意識到當下，卻又沒有任何寄託，這時每個人都會覺得雙腳落空。然而就在這個時刻我們的理解會深化，我們會發現當下是非常脆弱的一刻。這一刻實在令人焦躁不安，卻又是完全溫柔的。

1 原註：從果地起修的佛法。

我們剛開始探索時總是懷抱著許多理想和期待。我們總想尋找答案來滿足我們長久的飢渴，卻一點也不想認識心中的妖魔鬼怪。當然，一定會有人提醒我們這一點的。我還記得第一次聆聽禪坐開示時，那位女老師就告訴我說：「不要以爲打坐像是消愁解悶的渡假一樣。」可是就算全世界的人都提醒我們，我們還是不相信。事實上，打坐確實會讓我們更接近心中的妖魔鬼怪。

我們現在所說的是了解恐懼，熟悉恐懼，直視恐懼——這並不是說要將其視爲解決問題的方法，而是要完全去除我們以往看、聽、聞、嚐及思考事情的方式。眞相是我們只要一開始這樣做，就會越來越謙卑，因爲執著理想而產生的傲慢已經沒有存在的餘地了。只要勇於向前邁進一點，隨著理想必然生起的傲慢就會被照見。修行中的種種發現和相信什麼東西無關，卻和死去的勇氣有關，和不斷死去的勇氣有關。

正念、體悟空性、處理能量全都指向同一個東西，那就是要安住在原地不動，釘牢在原來的時空點上。我們如果待在原地而不形成造作，既不壓抑，也不歸咎他人或譴責自己，就會面臨一個不明確的問題。這個問題是無法從概念上獲得任何解答的。另外，我們還會跟自己的眞心相遇。有一個學生說得很好：「佛性巧裝成恐懼，踢我們的屁股，要我們學會接納。」

有一次我去聽一個人演講。那個人談到他六〇年代旅居印度的修行經驗。他說他決心去除自己內心的負面情緒。他努力地克制憤怒和色欲、他努力地對治懶惰與驕傲。不過他最想克服的卻是恐懼。老師一直告訴他不要那麼努力，他卻以為老師又是在教他另一種克服障礙的方法。

後來老師要他到山腳下的一間茅屋裡打坐。他關上門，開始打坐。天黑以後，他點了三支蠟燭。到了半夜，他突然聽見角落裡有一些聲音，黑暗中定睛一看，竟然是一條很大的蛇在他前面搖搖晃晃。他覺得那是一條眼鏡蛇。他很害怕，一直坐在那裡盯著蛇，不敢動也不敢睡。這一整夜，茅屋裡存在的只有他、蛇和恐懼。

天亮之前，最後的一支蠟燭也熄滅了，然後他哭了起來。他哭，不是因為絕望，而是因為內心終於柔軟了。他終於能體會世上所有人、畜的渴望；他領受了他們的疏離和掙扎；他發現只是一味地打坐是不會得到什麼東西的，只會更加孤立，更加掙扎罷了。於是他接受了——全心全意地接受——自己的憤怒、自己的忌妒、自己的抗拒、自己的掙扎和自己的害怕。但是他也同時體認到自己的珍貴——體認自己既聰明又愚蠢，既富有又窮困，但是又深不可測。他滿心的感激，於是就在黑暗中站起來向蛇走過去一鞠躬。之後他就睡著了，而且睡得很熟。醒來以後，蛇不見了。他不知道這到底是他自己的想像，還是當時眞的有這麼一條蛇。不過這已經無關緊要。講到最後他說，親近恐懼使他自己的「戲碼」完全崩解，他週遭的世界也徹底了結了。

從來沒有人告訴我們不要逃避恐懼。很少有人告訴我們要接近恐懼，要在恐懼之中熟悉恐懼。有一次我問千野古文禪師怎麼對治恐懼，他說：「我承認，我承認。」但是別人給我們的建議通常都是化解、安撫、吃藥、消遣——總之就是要擺脫掉它。

其實我們根本不需要這種鼓勵，因爲與恐懼解離是我們自然會去做的事。我們習慣性地回頭就跑，只要看到一點恐懼的跡象便驚愕不安。如果感覺恐懼快冒出來了，我們不妨檢查一下自己。這麼做是好的——不是要打擊自己，而是要培養無條件的慈悲心。最令人心痛的事莫過於當下自欺了。

然而，有時候我們眞的會走投無路；什麼都瓦解了，再也沒有逃避的可能了。這個時候，最深奧的眞理突然一下子變得非常明白而平常——我們是無處可逃的。我們和其他人一樣看見了它——比任何人都看得更清楚。遲早我們會明白我們無法再美化恐懼，它終究會讓我們見識到以前聽過或讀過的教誨。

所以，下一次再遇見恐懼的時候，要認爲自己很幸運。勇氣就是從其中誕生的。通常我們都認爲勇者無懼，其實勇者只是親近恐懼罷了。我剛結婚的時候，我先生對我說，我是他認識的人當中最勇敢的一個。我問他爲什麼，他說我雖然是個徹底的懦夫，但是碰到問題，事情總是照做不誤。

關鍵就在繼續探索而不要逃避，縱然發現某些事情不是我們想像的那般，還是照舊探索。我們會一再地發現事情根本不是我們想像的那樣。世上沒有一樣東西和我們想像的一樣，我可以非常確定地這麼說。「空」不是我們想像的那樣，正念、恐懼不是我們想像的那樣，慈悲也不是我們想像的那樣。愛、佛性、勇氣，這些都只是密碼，眞正的意涵我們心裡並不明白，然而我們都可以去體驗一下。我們一旦能靜觀事物的崩解而絲毫不逃避當下，我們就能明白這些密碼是直指人生眞相的。

第二章

當生命陷落時

世界崩解了，
我們處在不明狀況的邊緣。
這時我們每一個人的考驗
就是能否安住在這個邊陲地帶，
而不去具體地認定什麼東西。
精神旅程非關天國，
也不是要到達某個美妙的地方。

甘波修道院很大，海天相連，水平線看不到盡頭，海面上到處悠游著海鷗、渡鳥。這樣的地方很像一面大鏡子，讓你感覺無處可逃。既然是修道院，實際上也不可能有什麼逃避之道——那裡不可以說謊，不可以偷竊，不可以喝酒，不可以做愛，不可以外出。

我本來就很渴望去那個地方。後來創巴仁波切問我要不要去那裡擔任院長，我就去了。我一向喜歡挑戰，住在那裡果然對我是一項考驗，因爲初去的第一年我就好像被生煎活煮一般。

我是因爲自己的世界整個崩解了，才去那個修道院的。我一路保護自己，欺騙自己，一路維護自己亮麗的形象——然而一切還是崩解了。不論怎麼努力，我就是再也掌控不了大局。我的行事風格把每個人搞得快要瘋了，我自己也無處躲藏。

我一向自認爲做事很有彈性，待人親切，幾乎每一個人都很喜歡我。我帶著這種假相活了一輩子。然而來到修道院的前幾年，我卻發現自己其實一直都不了解自己。不是我的素質不好，而是我實在不是那最後的「黃金女郎」。我在自我的形象上投注了太多東西，如今這個形象再也維持不住了。我所有的未竟之事全部以「綜藝七彩」鮮活而無誤地暴露出來，不但我自己看得一清二楚，別人也看得清清楚楚。

凡是自己以前看不到的地方，現在一下子都冒了出來。這還不夠，別人還會講我的一些事情給我聽。我很痛苦；痛苦到不知道自己是不是還會有快樂的一天。我覺得一直有炸彈落在自己的身上，而自我欺騙也不斷地在爆發。然而生活在這個人人勤修精進的地方，我不可能迷失在維護自己、怪罪他人之中。這個地方沒有那種「出口」。

後來有一位老師來修道院訪問。我還記得她對我說：「你一旦能和自己親密相處，你的狀況就會跟著順利起來。」

我以前也聽過類似的話，知道自己只有這條路可以走了。我牆上掛著一幅標語，上面寫著：「唯有不斷寂滅，才能在自己身上發現不朽的東西。」未曾聽聞佛法之前，我就知道這才是眞正覺醒的精神。也就是要放下一切。

然而，事情一旦見底，我們找不到東西可以抓的時候，傷痛就開始浮現了。就像那洛巴學院（Naropa Institute）的人常說的箴言：「愛好眞理使你走頭無路。」我們對這一點都還有一些浪漫的想像，然而一旦被眞理釘牢，我們可就苦了。你去浴室照鏡子，一眼就看見自己長了一臉青春痘，看見自己那張年華老去的臉，看到自己沒有愛心，看到自己的侵略性和膽怯——我們一清二楚地看到了這種種的東西。

這時候我們的心就柔軟了。當事情搖擺不定、什麼都不對勁時，我們就會明白自己已經到達了某個邊陲地帶。我們會發現這個地帶既脆弱又溫柔，而溫柔又可能朝兩個方向發展。一是把自己封閉起來生悶氣，或是去修正一下那股震撼人心的感覺。無依無恃的狀態眞的是既溫柔而又震撼人心的。

這整個過程都是一項考驗。身爲精神上的戰士，若想喚醒自己的心，都需要這項考驗。有時候我們是因爲生病或親友亡故而落入無依無恃的境地。我們感到失落——失去摯愛的人，失去青春，失去了生命。

我有一個朋友因愛滋病而面臨死亡。有一次我要外出旅行之前去找他談話。他說：「這場病不是我要的，我很恨，很害怕。可是後來卻發現這場病是我收過的最貴重的禮物。現在生活的每一刻對我而言都很珍貴。我生命中的每一個人都很珍貴。我整個人生都變得有意義了。」有個東西眞的變了，而且他已經準備好接受死亡了。原本恐怖駭人的東西，現在卻變成了禮物。

生命陷落既是一項考驗，也是一種治療。我們都以爲重點是要通過考驗，克服問題，然而眞相是問題並不會得到解決。事物聚合之後必定分離。接著又是聚合與分離。治療就是容許這一切自然地發生——接受悲傷，也容許悲傷減輕，接受痛苦，也容許喜悅出現在我們的心中。

我們也許認爲某件事會帶給我們快樂，然而我們並不知道會發生什麼事。我們以爲某件事會招來不幸，但其實我們並不知道情況會是什麼結果。最重要的就是容許自己不知道。我們總是會作一些自認對狀況有幫助的事，可是我們絕對不知道自己會跌倒還是會昂首端坐。雖然遭受到極大的失望，我們仍然不知道故事是不是就這樣結束了，或許只是一場偉大歷險的開端吧。

我曾經看過一篇文章，描述的是一對夫婦只有一個獨子。他們的家境很窮，所有人都仰賴這名獨子賺錢養家，維持家庭的聲譽。有一天他從馬背上跌下來，摔成了殘廢。這對他們一家人而言簡直就是世界末日。然而兩個禮拜以後，軍隊進了他們村子，把所有的壯丁都抓去當兵打仗，唯獨這名年輕人得以倖免，而可以留在家鄉照料父母。

生命就像這樣。我們什麼都不知道。有的事我們稱作好事，有的事我們稱作壞事，但是到底好不好，其實我們並不知道。

世界崩解了，我們站在不明狀況的邊緣。這時我們每一個人的考驗就是能否待在這個邊陲地帶，而不去具體地認定什麼東西。精神旅程非關天國，也不是要到達某個美妙的地方。事實上，我們就是因為如此看待事物，才會這麼痛苦。以為我們可以找到永久的快樂，並因此而逃避痛苦，造成了佛教所說的輪迴。這種絕望的輪轉使我們承受著巨大的痛苦。佛教四聖諦第一諦說的就是苦；只要我們還認為事物是永恆的，不會崩解的，而我們可以倚靠它們來滿足我們對安全的飢渴，就會有苦。從這個觀點來看，我們真正認清事物真相的那一刻，就是毯子從我們腳下抽走而我們找不到立足點的時刻。如果我們不利用這種狀況來喚醒自己，就會讓自己昏睡下去。當下——這無所依恃的一刻——就是發心照顧匱乏者的一刻，也是發現自己善性的一刻。

我還記得很清楚，有一年初春的某一天，我的現實世界突然罄竭。當時我雖然尚未聽聞佛法，不過那的確可以稱得上是一次眞正的屬靈經驗。那是在我先生告訴我他有外遇時發生的。當時我們住在新墨西哥州北部。那一天我站在我們家門前喝茶，聽見汽車開上來的聲音，然後是關車門的聲音。接著他從屋子旁邊繞了過來，在沒有任何預警的情況之下，劈頭就說他有了外遇，想和我離婚。

我還記得那時我感覺天空非常寬闊，屋邊河水潺潺，茶杯裡冒著熱氣；時間靜止了下來，我腦筋一片空白，裡面什麼都沒有——只有光和無邊的寂靜。接著我回過神來，撿起一塊石頭，向他砸了過去。

每次有人問我爲什麼會接觸佛法，我總是回答那是因爲我實在太氣我先生了。然而眞相是，他救了我的命。當時我們的婚姻出了問題，我非常非常努力地想重新拾回那份慰藉和安全感，重回那熟悉的歇息之處。可是，幸好我沒有得逞。我憑著本能知道，讓我那執著的、習慣於依賴的自我死亡，是我唯一的生路。我家牆上那一幅標語就是那時候貼上去的。

生命是良師益友。事物永遠都在變遷，但願我們都了解這一點。事情總是不會照我們的夢想發生。脫離中心的居間狀態，才是理想的狀態。我們在這種狀態中反而不會卡住，而能夠無限地打開心胸和思想。那是一種非常溫柔、沒有任何侵略性，而又非常開放的狀態。

安住在這種動搖的狀態——安住在破碎的心，安住在胃痛，安住在絕望，安住在報復心之上——才是眞正覺醒之路。守著那份疑慮，抓住在混亂中放鬆的訣竅，不要驚慌——這就是精神修爲。掌握理解自己的竅門，溫柔而慈悲地體會自己——這就是戰士之道。不論你喜不喜歡，每當我們生氣、痛苦、剛愎自用的時候，甚至是輕鬆下來或充滿啓悟的時刻，我們就如同過去的千百萬次一般，再度體悟到自己。

我們可以每天想一想世界各地發生的侵略行爲。我們可以想一想紐約、洛杉磯、哈利法克斯、台灣、貝魯特、科威特、索馬利亞、伊拉克等地發生的侵略行爲。全世界各地，每個人都在反擊敵人，人的痛苦永遠高漲不下。我們每天都可以反省一下這些事，問一問自己：「我有沒有增加這個世界的侵略行爲？」每一次事情一尖銳焦躁起來，我們就問問自己：「我到底要的是和平，還是戰爭？」

第三章

當下就是良師

我們遇到的對手可能是北京狗，
也可能是惡犬，
不過真正有趣的問題卻是——
接下來呢？

一般而言，只要是不舒暢，不管是什麼樣的不舒暢，我們都當作壞事看待。可是對修道人或精神戰士——渴望認清眞相的人——而言，失望、尷尬、惱怒、不快、憤怒、忌妒、恐懼等等情緒卻不是什麼壞消息，它們反而能讓我們清楚自己碰到什麼事會退縮。每當我們寧願讓自己退縮或崩潰時，這些情緒卻教我們昂首挺胸，向內觀照。這些情緒很像信差，非常清楚地告訴我們卡在什麼地方。當下這一刻就是良師；幸運的是，這位良師隨時都在我們身邊。

有些人或事會揭開我們以往還未解決的問題。碰到這樣的人或事，我們都可以當作喜訊來看待。我們不必刻意獵取什麼東西，也不必刻意製造某種情境來試探自己的侷限。生活中總是會出現這些懸而未解的問題，規律如同時鐘一般。

每一天，我們都有許多機會讓自己開放或封閉。如果我們覺得自己已經無法處理任何狀況，那其實就是探索自己的大好機會。情況實在太不像話了，太過分了；我們覺得自己簡直糟透了。我們不論如何就是沒辦法掌控大局，讓自己全身而退。我們不論怎麼努力都沒用。基本上，生命已經使我們動彈不得。

這很像你去照鏡子，卻看到鏡子裡面是一隻猩猩。鏡子在那裡照著你，你看到的東西實在很糟糕。你把鏡子轉來轉去，想讓自己好看一點。但是不論怎麼轉，你看起來還是像隻猩猩。生命令你動彈不得，你要不就接受眼前的狀況，要不就推開，沒有什麼選擇的餘地。

大部分人都不會把這些狀況當作功課來學習。我們「不自覺地」怨恨這些情況。我們像瘋了一般地逃掉。我們用盡各種方法躲避。我們碰上了危機，再也無法忍受了——藥癮、酒癮於焉而生。我們想緩和眼前的狀況，在裡面塞一點柔軟的東西；不管什麼東西，只要能減輕痛苦，我們就上癮。事實上，這個世界的物質崇拜就是源自於這種心境。我們已經發明了太多的方法來娛樂自己，我們總想讓自己遠離當下這一刻，把它尖銳的邊緣磨圓，把它的聲、光等等關掉，免得承受那痛苦的衝擊。

禪定是一項邀約，邀請我們到達自己的極限時，不要被期待和恐懼沖昏了頭。透過禪定，我們可以清楚地看到自己的意念和情緒，也可以放下這些東西。禪定令人鼓舞的地方在於，就算我們選擇的是封閉自己，也不可能封閉得不自知。我們會很清楚地看到自己的封閉。光是看到這一點，便足以照亮無知所形成的黑暗。我們會看到自己如何逃避，如何閃躲，如何讓自己忙碌，免得自己的心被看穿了。不過我們還是可以看到自己的心其實是有能力敞開和放鬆的。

失望、尷尬等等感覺不舒服的東西，基本上都是一種死亡。我們失去了立足之地，無法再統一自己，也無法再主導任何事。由於不明白大死之後才能重生，所以我們一味抗拒對死亡的恐懼。

面臨自己的侷限並不是什麼懲罰。事實上那是一種健康的徵兆，因爲那表示我們瀕臨死亡的境地時，至少還能感覺恐懼和戰慄。更進一步的健康徵兆則是，我們非但沒有被恐懼和戰慄毀滅，反而認爲那是一個信息，它告訴我們不要再掙扎了，應該要開始正視那脅迫著我們的東西。失望、焦慮這些東西都是信差，它們會告訴我們即將進入未知的領域。

對某些人而言，連臥室的衣櫥都可能是未知的領域。對其他的人而言，外太空才是未知的領域。會激起希望或恐懼的東西，對你我來說都不一樣。譬如我的嬸嬸，我只要挪動一下她起居室裡的檯燈，她就受不了了。我有一個朋友，只要一搬家便束手無策。還有一個鄰居懼高。什麼東西逼我們面對自己的侷限並不是重點，重點是我們遲早都會碰到自己的侷限。

我第一次看到創巴仁波切是在一個第四級的禪修班上。同學問了他很多問題，包括在西藏生長的歲月、從中共統治的中國逃亡到印度的過程等等。有一名男學生問他是否害怕過什麼東西。他說，老師常常鼓勵他到墳墓這類地方去接近自己不喜歡的那些東西。他說了一個故事：有一次他和幾個侍從一起去參訪一座寺廟。他從未去過那座寺廟。接近大門時，他們看到門口有一頭大狗，赤眼森牙，對著他們咆哮，還想掙脫鍊子跑過來咬他們。他們保持距離繞過這隻狗，趕緊走進大門。才剛走進去，狗鍊突然斷了，狗對著他們衝了過來。幾個侍從驚叫了起來，呆立在那裡無法動彈。仁波切轉過身去，以最快的速度對著狗衝過去。狗覺得非常意外，突然停了下來，兩腳夾著尾巴跑了。

我們遇到的對手可能是北京狗，也可能是惡犬，不過眞正有趣的問題卻是——接下來呢？

精神之旅就是要超越期望和恐懼，跨進未知的領域，繼續往前走。精神修爲最重要的也許就是繼續往前走了。通常我們逼近自己的極限時，都會像仁波切的侍從一樣，嚇得呆立在那裡。我們身體呆了，心也呆了。

遇見自己的對手時，我們要如何對治自己的心呢？與其耽溺或排斥我們的經驗，不如讓情緒的能量、自己的感受直透心底。這件事說起來簡單，做起來十分不易，它可以說是最高貴的生活態度，絕對的慈悲之道——培養勇氣與善心之道。

我們在佛法裡時常聽到「無我」這個東西。這個觀點很難領會：他們到底在說什麼啊？如果說的是精神官能症，我們會立刻明白，因爲那是我們都相當了解的東西。可是「無我」到底是個什麼東西？每當我們面臨自己的極限時，如果能不耽溺也不壓抑，並試著去徹底了解自己的眞相，我們心裡那個僵硬的東西就會融解。不論生起的是什麼能量——憤怒的能量，失望的能量，恐懼的能量——那能量都會使我們軟化。那能量只要不是固定在某個方向，就會穿透我們的內心，把我們整個人打開。無我就這樣被發現了。我們平常所有的看法在這種狀態裡會全部崩解。面臨極限不是一種障礙或懲罰，而是找到了門徑，向聖境與人性無條件的善邁進。

這條路從靜坐開始是最安全而有效的。坐在蒲團上我們會慢慢抓到不耽溺也不壓抑的旨趣，以及任由能量在那裡活動的感覺。就是因爲這個道理，所以每天都要靜坐，每天都要和自己的期望與恐懼一再地作朋友。靜坐能播下一些種子，使我們在混亂的生活中保持清醒。覺醒雖然是漸進的，也是慢慢累積的，不過我們眞的會因此而清醒。我們打坐不是爲了要道行高深，而是要在生活中更加清醒。

靜坐最先發生的事就是我們終於看到眼前的眞相了。這時我們雖然還是想逃避，想耽溺，可是卻很清楚地看到自己想逃避。有人也許會認爲，只要清楚地看到自己的眞相，問題就會立刻消失，可是其實不然。我們會有很長一段時間只是看得很清楚罷了。就因爲我們願意認清自己的耽溺和壓抑，耽溺和壓抑自然會慢慢耗盡。耗盡和脫離是不太一樣的，因爲你會產生比較開闊、寬大而又解放的觀點。

要保持在耽溺與壓抑之間，不偏於一方，就必須不論心裡生起什麼念頭都不作評斷，只是讓它自然地生滅，再回到當下的開放狀態中。打坐要做的就是這件事。念頭一生起，我們既不壓制也不任其盤據在心裡，而是承認它，讓它自然息滅，然後回到當下——誠如索甲仁波切所說的：「把我們的心領回家」。

我們就是要在日常生活中和自己的期望、恐懼如此相處。過了一段時間，我們自然而然就會停止掙扎，而學會放鬆下來。我們回到當下清新的一刻，不再和自己喋喋不休地說個不停。

這件事必須漸進地、有耐心地進行。要多久？我認爲必須傾餘生之力來進行這件事。基本上，我們會逐漸地開放，學到更多的東西，跟人類的痛苦及人類智慧的連結也會更深。我們會徹底而完整地了解人類的痛苦和智慧，而越來越具足慈悲心。這個功課不會間斷，我們永遠都有東西要學。這樣我們才不會變得自滿而落伍，放棄學習的機會，不再接受任何挑戰。我們會在最意想不到的時刻一再遇到那一隻惡犬。

我們可能會以爲自己愈是開放，愈是需要更大的災難來迫使我們達到極限。然而，有意思的是，當我們越來越開放的時候，大的災難會立刻把我們喚醒，小事則會在我們不留意的時候突襲我們。然而，不論大小、顏色、形狀如何，要點仍然是向生命的不適貼近，清楚地加以觀察，不要只是一味地護衛自己。

練打坐不是要追求什麼理想狀態——剛好相反。我們只是要和自己的經驗共處，不論是什麼經驗都一樣。如果有時候我有某種洞見，有時候沒有，這就是我們的經驗。有時候我們敢接近那令我們害怕的東西，有時候不敢，這也是我們的經驗。「當下這一刻就是良師」確實是最深奧的開示。只是看著當下所發生的事——這就是有關當下的教誨。我們可以和當下的實相同在，而不與其解離。我們在痛苦中覺醒，在快樂中覺醒，在疑惑中覺醒，也在智慧中覺醒。在我們那怪誕而又深不可測的日常生活中，每一刻隨時都可能覺醒。

第四章

如實安住

了解這種方法以後，
就可以開始修練。
至於下一步該怎麼做，
只有看我們自己了。
最後我們會碰到的問題是，
我們到底願意放鬆執著到什麼程度？
願意對自己誠實到什麼地步？

創巴仁波切傳授給學生的方法叫做止觀雙運。剛開始在西方傳授這個法門的時候，他告訴學生只要把心打開，放鬆下來就可以了。如果有什麼雜念，只要等念頭消失，再重回那種開放而輕鬆的狀態就可以了。

可是幾年之後仁波切發現，這種方法雖然簡單，有的人卻覺得難以做到：他們需要其他方法的輔助。那個階段，他並沒有改變這種靜坐方法的基本旨趣，可是對學生的開示卻有些改變。他開始強調坐姿，並要求學生微微注意自己所呼出的氣息。後來他說，呼出的氣息最接近心的開放狀態，而且又有個目標可以將注意力收回來。

他強調，呼出的氣息必須自然，不可以刻意操縱；放在上面的注意力必須微微覺察一下就放掉。全部的注意力大約放四分之一在上面即可。這樣既能覺察週遭的事物，又不至於把週遭事物當成了靜坐的障礙。多年以後他用了一個風趣的比喻來說明這種靜坐的旨趣。他說，靜坐就像一個人以盛裝出現，但是手裡卻拿著一支盛著水的湯匙。我們可以高高興興地盛裝坐在那裡，而又不忽略手裡那一湯匙的水。重點在於不要刻意想達到什麼特殊的境界，或超越日常生活種種的聲音及活動，反而要對環境的一切更加放鬆，欣賞週遭的世界和每一刻都在發生的尋常眞理。

大部分的靜坐方法都會用一個東西來當作冥思的目標——不論你心裡出現什麼東西，都必須一再地回到這個目標上。不論是風是雨，下冰雹還是下雪，好天氣或壞天氣，你都回到這個目標上。這裡所指的目標就是我們呼出的氣息——它不可捉摸，永遠在變化，既無法掌握，卻又一直生起。吸氣就像是一種暫停或空檔，你什麼都不用做，只是等待呼氣而已。

有一次我爲一個朋友解說這種方法。她練習專注於出入息以及專注於其他事物的修持已經有很多年了。她聽完我的說明之後，立刻告訴我說：「這是不可能的！沒有人做得到！這其中根本沒什麼可以覺察的東西！」這是我第一次發現這個方法裡面埋藏著「徹底放下」的契機。我曾經聽一些禪師說過，打坐就是願意一再一再地死去。就是這樣——氣一呼出去就消失了，這便是過去的種種大死一番的機會，與其驚慌失措，不如放鬆下來。

仁波切要求我們這些教靜坐的老師不要總是講什麼專注在呼吸上，應該要講得更生動一點。所以我們會告訴學生「微微地注意一下呼氣，然後放掉」，「輕柔地注意一下呼氣」，「呼吸向外釋放時，與它合而為一」等等。基本的法則就是放鬆，開放，不添加什麼東西，不形成概念，而只是不斷地回到原先那清楚、敞亮、清明的心。

過了一段時間，仁波切又做了一次改良。他要求我們給自己心中的念頭一個稱謂，就叫做「念」。我們坐著，注意呼氣；接著，還不知道怎麼一回事，我們已經雜念紛起——我們擔憂、幻想、打算等等——完全落入另外一個世界中，一個由各種妄念構成的世界。我們只要一覺察到自己雜念紛起，就對自己說這是「念」，而不要把它當成什麼大不了的事，回到呼出的氣息上就對了。

我曾經見過有人用舞蹈來表現這種方法。舞者起先在舞台上靜坐，幾秒鐘以後激情生起，他開始起舞，越舞越激烈。那起先的一點激情，最後全面升高為性幻想。突然舞台上響起了小小的鈴聲，有個平靜的聲音說了一聲「念」，舞者頓時放鬆下來，恢復靜坐的姿勢。五秒鐘以後，他又開始跳起憤怒之舞。一開始也是小小的惱怒，最後全面地爆發。然後是孤獨之舞、睏倦之舞。每次鈴聲響起，那平靜的聲音一說「念」，舞者就放鬆下來安坐在那裡，而且時間一次比一次久，最後終於進入了廣闊的祥和與寧靜。

靜坐時說「念」是很有意思的事。我們可以在這個時刻培養溫柔的心，不評斷的態度。在梵文裡面，慈愛叫作 maitri。這個字有時候也翻譯成「無條件的親善」。不論心裡出現什麼東西，你都要對它無條件地親善。人是很難具備無條件的慈悲的，這裡所說的這個簡單而直接的方法可以喚醒這份慈悲心，所以是相當值得珍惜的。

有時候我們會覺得有罪惡感，有時又很傲慢。有時候我們的思想和回憶連自己都害怕，並且覺得非常悲哀。我們的心永遠雜念不斷，所以我們如果靜坐下來，便提供了廣大的內在空間，讓所有的念頭生起。那些念頭像天上的雲、海上的浪一樣，一有空間就會出現。如果其中有一個念頭盤據不去，叫我們一直牽掛著，那麼不論那是快樂或不快樂的念頭，我們都要用開放與慈悲的態度默默地替它貼標籤，稱之爲「念」，然後讓它消失在廣大的內在空間裡。這時如果立刻又出現了雲和浪，也沒什麼關係。你只要用無條件的親善心態承認這些東西，稱之爲「念」，一再一再地釋放它們就對了。

但是有的人也會用靜坐來逃避不愉快的心情或念頭。我們可能會用「貼標籤的方式」排除自己感覺困擾的心態。但如果我們心中生起的是禪喜或某種啓示，我們就以爲自己已經證悟了，而企圖耽溺在平安、祥和及無懼的狀態中。

所以，我們必須從一開始就提醒自己：靜坐是以開放、輕鬆的態度面對任何生起的東西，而不挑不揀。這樣的靜坐方式對我們才有幫助。靜坐時不應該壓抑任何東西，也不要企圖去掌控任何東西。艾倫・金斯伯格（Allen Ginsberg）稱之爲「吃驚的心情」。

你坐下來——突然一拳打過來！你看到自己生起了一個污穢的念頭。沒關係，由它去。也就是以慈悲的態度稱之爲「念」，然後由它去。接著——哇！——又出現了一個美妙的境界。沒關係，由它去。也就是不執著，而只是慈悲地稱之爲「念」，然後由它去。我們會發現這種「吃驚的心情」是沒完沒了的。十二世紀西藏瑜伽大師密勒日巴喜歡唱頌一些詩歌來說明正確的靜坐方法。他在一首詩歌裡面說過，我們內心的投射比起一束陽光照見的灰塵還要多，即使你射出幾百支茅都去除不了。所以我們練習靜坐時，不要和那些雜念對抗，而是要明白誠實與幽默比任何嚴肅的修持方法都更能激勵我們，幫助我們面對所有的現象。

不論如何，重點就在不要企圖排除意念，反而要認清它的本質。如果我們把意念當眞，它就會把我們耍得團團轉。然而意念其實如同夢境、如同幻覺一般——並不是那麼堅實的。意念就像我們剛才所說的，只是妄念罷了。

仁波切多年來一直在改良靜坐的方法。他說，靜坐時有任何刻意的掙扎都不好。所以，腿酸了，背痛了，你就動一下，不必忍著。我們很清楚地意識到，如果能夠保持正確的坐姿，仔細地調整身體的每一個部位，我們就可以變得很輕鬆而能夠安坐在蒲團上。大的調整動作可以帶來五到十分鐘的舒適，但是接下來我們就會開始想要變換姿勢。如果眞的想要安坐下來，我們就必須依循良好姿勢的六個要點，亦即：1座位，2腿，3軀幹，4手，5眼，6嘴。仁波切是這樣開示的：

1. 不論是坐在蒲團還是椅子上，座位應該是平的，左右前後都不傾斜。
2. 雙腿舒適地盤坐。如果是坐在椅子上，那麼兩腳要平放在地上，兩膝相距數吋。

3. 軀幹（從頭到底座）要直，背部挺立，前胸開展。如果坐在椅子上，背部最好不要靠著。如果覺得姿勢鬆垮了，坐直起來就對了。
4. 手掌向下，手指鬆開，放在腿上。
5. 眼睛開著——代表人是清醒的，對所有發生的事物都輕鬆對待。目光略為朝下，把焦點大約放在四至六呎的前方地面上。
6. 嘴要微微開著，讓顎骨放鬆，用鼻嘴同時輕柔地呼吸。舌尖輕抵上顎。

每次坐下來就把這六點檢查一次。打坐的時候只要發現自己分心了，就把注意力重新收回到身體上，再檢查一下這六個部位。然後帶著這份重新開始的新鮮感回到呼氣上面。要是覺得雜念紛生不已，不用擔心，只要對自己說「念」，然後回到呼氣時那種開放而輕鬆的狀態即可。不論如何，你只需要回到自己的當下就對了。

起初有些人會覺得靜坐是很令人興奮的事。就像開始一項新的計劃一樣，你以爲自己不想要的那些東西在靜坐之後都能一掃而空，並且會變得更開放，更不批判，更能展現無條件的友愛。但是一段時日之後，那份新計劃、新希望的感覺便開始遞減，你只是每一天找一段時間坐下來和自己相處罷了。不論心中出現的是乏味、焦躁、恐懼或愉悅，你都只是一再地回到自己的呼吸之上。

如果能夠以誠實、輕鬆、幽默和友善的心情，持之以恆地重覆這項練習，那麼這件事的本身就是你的獎賞。

了解這種方法以後，就可以開始修練。至於下一步該怎麼做，只有看我們自己了。最後我們會碰到的問題是，我們到底願意放鬆執著到什麼程度？願意對自己誠實到什麼地步？

第五章

永遠不嫌太遲

「慈悲」這個法門之所以不同，
就在於我們並不企圖解決什麼問題。
我們不需要奮力掙脫痛苦，
也不需要變成一個比較好的人。
事實上
我們已經完全放棄了掌控的欲望，
也瓦解了所有的概念和理想。

我曾經接到許多「全世界最糟糕的人」寫來的信。有時這個最糟糕的人年紀已長，覺得自己蹉跎了一生。有時則是一名有自殺傾向的年輕女孩，寫信來求助。這些有自苦傾向的人包括各種年齡層、膚色及外形。他們都有一個共通點，就是對自己不慈悲。

最近我和一位相交已久的友人懇談。我一直認爲他很害羞，心腸好，大部分時間都是他在幫助別人。可是這一次和他談話，他卻意志消沉，感覺十分無助。我故意調侃他說：「你不覺得這個世界一定有人比你更糟糕嗎？」他的誠實令人心碎：「我不覺得。如果你眞的想知道我的感覺，我可以告訴你，不會有人比我更糟了。我想不會有人比我更慘了。」

這使我聯想起以前看過的一則蓋瑞・賴森（Gary Larson）的漫畫。漫畫中有兩個女人站在屋裡，從窗口窺探站在門口的妖怪。其中一個女人說：「艾德娜，別擔心。它確實是一隻醜陋的大蟲，不過也很可能是一隻需要幫助的大蟲。」

對大部分人而言，最痛苦的時光其實都是自找的。然而，培養慈悲心永遠不會太遲，也不會太早。這很像我們罹患重病已經到了末期，但是還可以再活一陣子。我們並不知道自己還剩多少時日，所以我們發現跟自己以及別人作朋友變得非常重要。有人說過如果不了解自己，不了解自己的所作所爲，不了解自己的模式和習性，就不可能證悟，更不用談什麼知足、喜悅了。這就是所謂的慈愛（maitri）——對自己的慈悲和無條件的親善。

不過人們有時會混淆自我改善和強化自我。我們可能會一味地對自己好，以至於忽略了自己對他人的影響。我們錯以爲慈悲乃是尋找永恆幸福的方法。如同某些商業廣告承諾的那樣，我們會以爲我們的生活從此可以高枕無憂。然而慈悲絕不是拍一拍自己的肩膀，說一聲「你是最好的」，或是「親愛的，別擔心，不會有事的」就算了。反之，在慈悲對待自己的過程中，我們的自欺會清清楚楚地顯露出來。這時我們無論如何再也沒有什麼面具可戴了。

慈悲這個法門之所以不同，就在於我們不企圖解決什麼問題。我們不需要奮力掙脫痛苦，也不需要變成一個比較好的人。事實上我們已經完全放棄了掌控的欲望，也瓦解了所有的概念和理想。

修練這個法門時我們要了解，不管發生什麼事都不是開始也不是結束，而是打從有時間以來每天所發生的平常經驗。種種的意念、情感、情緒、記憶來了又去了，但是當下永遠在那裡。

任何人想觀察自己的心永遠都來得及。我們隨時都可以坐下來，騰出內心的空間，允許任何現象生起。有時候我們對自己的覺察會讓自己震驚。有時我們會想躲起來。有時我們又被經驗沖昏了頭。然而我們可以不作評斷，不作好惡的選擇，永遠鼓勵自己安住於此時此地。

痛苦的是，我們一旦把非難當眞，我們就是在執行非難。我們一旦認同了嚴厲無情，就是在展現嚴厲無情。我們越是如此，這些特質就越頑強。我們變成了善於傷害別人和自己的人；這是多麼悲哀的一件事。要訣就在練習溫柔和放下，不論生起什麼東西，都以好奇心對待，而不大驚小怪。與其掙扎或抗拒混亂，不如輕鬆對待。這樣，我們就會發現事情其實一直都是清楚的。在那個世界最糟的人的劇本中，在自己和自己的沉重對話中，其實一直都存在著開放的空間。

每個人隨時都懷著一個自我形象，每個人心裡都有這麼一個自己的形象。這個自我形象有個說法叫「小心」（small mind），另外也可以稱做 sem。藏文說

「心」有好幾個字，其中兩個對我們特別有幫助，那就是sem和rikpa。Sem指的是那些散漫的意念，永遠在強化自我形象的意念之流。Rikpa指的是「本覺」或「內明」。在所有的計算或擔憂的背後，在所有的希望或欲望的背後，在所有的挑剔或選擇的底端，一直存在著每個當下的本覺。我們只要不再喋喋不休，本覺就會出現。

在尼泊爾，狗整個晚上吠個不停。但是差不多每隔二十分鐘左右，牠們會一起停下來不叫。這時你就會感到無比的寧靜和輕鬆。Sem這個「小心」就像這個樣子。一開始練習打坐時，你會覺得所有的「狗」都叫個不停，永遠也停不下來。慢慢的，你會開始感覺有一些間隔出現。散漫的意念就如同這些野狗一樣需要馴服。但是要馴服它們不能用棍子打，用石頭砸，而是以慈悲心相待。溫柔而正確地對待它們，它們就會漸漸平息下來。這種感覺有時候像是空間逐漸大了起來，偶而才出現一兩起吠聲。

當然，內在的噪音會一直持續地出現。然而我們並不是要驅逐這些野狗。因爲一旦觸及本覺的廣大空間，它就會遍佈一切。修練慈悲心時，一旦瞥見那廣大的空性，它就會一直擴展，擴展到我們的憤怒之中，擴展到我們的恐懼之中，擴展到我們的種種概念和看法之中，擴展到我們所認爲的自我裡面。這時，我們甚至會覺得人生眞是如夢似幻。

我大約十歲的時候，有一個最好的朋友時常作惡夢。她總是夢見幾隻醜陋的怪物在追她，而她就在一棟幽暗的大樓裡跑來跑去，後來她跑到門口，好不容易才把門打開。然而才闔上門，就聽到那幾隻怪物已經把門打開了。她最後總是驚醒過來，不由自主地尖叫，求救。

有一天我們坐在她家廚房聊天，談起她的惡夢。我問她那些怪物到底長得什麼樣子，她說她不知道，因爲她總是一直跑。我問了她之後，她才開始疑惑，不知道這些怪物長得是否像女巫，手上是不是拿著刀子。後來她又夢見這些怪物在追她，於是她就鼓起勇氣不再逃跑，反而轉過身來，靠著牆壁看著它們。這確實需要很大的膽量，她的心一直在狂跳。那些怪物停在她前面看著她，但是沒有再靠近了。它們總共有五隻，樣子都很像動物。其中一隻是灰熊，可是沒有爪子，卻長著長長的紅指甲。另一隻有兩對眼睛。還有一隻臉頰上有傷口。她仔細一看，發現他們不像怪物，反而像漫畫書上的平面圖畫，然後就慢慢消失了。接著她就醒了過來，從此再也沒有作過這種惡夢了。

有一則教誨講的是三種覺醒的途徑：從日常的睡夢中醒來，從生命中覺察到死亡，從幻夢中徹底覺醒。這些教誨告訴我們，當我們死亡的時候，我們的感覺就像大夢初醒一般。初次聽見這一則教誨，我立即聯想起我朋友所作的惡夢。如果人生只是一場夢，那麼與其逃跑，何不掉過頭來看一看到底是什麼東西讓我害怕。我發現要做到這一點並不容易，但是在過程中我卻學會了慈悲。

我們本身的妖魔會以各種僞裝的形式出現。羞恥、忌妒、放縱、憤怒等等都像妖魔一般。它們令我們如此不悅，我們只能不停地逃脫。

我們總是在進行大逃亡：我們發洩情緒、議論不休、用力關門、打人、丟東西，全都是爲了不願面對自己內心的現象。我們把自己的感覺往心裡面壓擠，爲的是鈍化痛苦。我們一輩子都可能浪費在逃避自己內心的妖魔了。

世人總是汲汲於逃避，卻忘了欣賞沿途的美景。我們習慣加速，卻剝奪了自己的快樂。

記得有一次我夢見自己替康卓仁波切（Khandro Rinpoche）找到了一幢房子。我上上下下忙著清洗、煮飯。突然間她的車子到了。我跑過去迎接她。她笑著對我說「你有沒有看見今天早上的日出？」我說：「沒有，我太忙了，沒時間看日出。」她笑著說：「太忙了，沒時間過日子。」

有時候我們好像很偏愛黑暗和速度。我們過了一百年、一千年還是在反對、埋怨、瞋恨。可是在痛苦與憤怒中，我們仍然看見了慈悲的可能。我們開始聽見有小孩子在哭，聞到有人在烘麵包，我們感覺到春天沁涼的空氣，看見了初春第一朵番紅花。不管我們自己的情況是什麼樣子，院子裡美麗的風景已經開始吸引我們。

要想不再抗拒生命，就要直接面對生命。如果因爲房間太熱而生起嫌惡感，我們就去感覺那熱的猛烈和沉重。如果因爲房間太冷而生起嫌惡感，我們就去感覺那冷冽冰涼的滋味。如果覺得下雨很討厭，我們就去感受那份潮濕的覺受。如果無謂地擔心強風會吹壞窗戶，我們就去聆聽那風聲所造成的感覺。切斷自己的期望可以治療我們的傷痛——這是我們送給自己的一項禮物。冷、熱是無法醫治的，它們永遠會一再地出現。潮流往還、晝夜更迭——這就是事物的本質。即使我們死了，潮汐歲時仍然流轉不已。能夠欣賞，能夠觀察，能夠敞開心胸——這才是慈悲的要義。

河流、空氣遭到了污染；家庭、國家不停地爭吵，交戰；街上都是無家可歸的人；這就是佛法所說的黑暗時代的徵兆。另外還有一個徵兆，那就是人們被自我懷疑所污染，而變成了膽怯的懦夫。

要想照亮此艱困時代的黑暗，對自己修持慈悲心似乎是很好的方法。

固守自己的形象彷彿眼瞎耳聾一般，彷彿身處野花之間卻戴著眼罩，樹上有鳥歌唱，可是你耳朵裡卻堵著耳塞。

我們對生命充斥著不滿和抗拒。不管在哪一個國家，這種不滿和抗拒都像瘟疫一般，四處蔓延而無法控制，並且毒害了地球的大氣。這個時候開始懷疑這一切，開始掌握慈悲的要訣，應該是明智之舉。

第六章

不傷害別人

暫停而不立刻把空間填滿，
這就是一種轉化的經驗。
因為等待，我們開始和根本焦慮連結，
也開始和根本的空性銜接。

不傷害別人顯然包括不殺生、不偷竊、不欺騙，也包括不侵犯別人——行爲、言語、心意上都不侵犯別人。佛法所說的「不侵犯」的治療力量，就是以不傷害自己或別人爲基本教義。

從一開始就不傷害別人，中途不傷害別人，最後也不傷害別人，這應該是文明社會的基礎。神智清明的世界就是這樣建立的。然而首先其公民必須是神智清明的，這裡指的就是我們自己。如果缺乏勇氣和自尊，我們就無法誠實而溫柔地看待自己，於是我們就會繼續活在無明中，因而對自己造成了最深的侵犯和傷害。

不傷害別人的基礎即是正念，也就是懷著敬意與慈悲，清楚地看見事物的原貌。練習正念就會讓我們了解這一點。但是正念並不止於打坐的時刻，它也能幫助我們看見日常生活的細微之處，幫助我們看、聽、聞、不對自己的生活閉著眼睛，關起耳朵，捏住鼻子。誠實看待自己每一個當下的經驗，因尊重自己而不評斷自己，這是一輩子都要進行的事。

我們一旦全心全意地投注於這溫柔的誠實之旅，就會驚訝地發現以往竟然看不到自己在許多方面都傷害了別人。因爲我們的想法已經根深柢固，所以聽不到別人——或許溫和或許粗暴——告訴我們的話。我們自己的行事風格，我們和別人相處的方式也許已經傷害了別人，而我們卻不自知。我們已經習慣自己處事待人的方式，總覺得別人也應該習慣。

要面對「自己傷害了別人」是很痛苦的事，這需要一些時間。我們因爲決心要溫柔，誠實，因爲決心要保持清醒，維持正念，所以展開了這一趟旅程。也因爲擁有正念，所以我們看見了自己的欲望、侵略性，認清了自己的忌妒和無知。我們不對這些東西採取什麼行動而只是看著它們。如果沒有正念我們就看不到。

接著下一步就是自制。正念是土壤，自制是道路。「自制」這個字聽起來嚴格而拘束。活潑、好動、風趣的人不會想要自制。雖然他們偶爾也會控制自己，然而那畢竟不是他們的生活方式。不過自制的確是成爲修行人的方法。自制是不因爲感到無聊便找些事情來排遣。自制是不因爲有空檔就馬上想找東西來塡滿。

有一回我上了一次兼習正念和自制的靜坐課。老師要我們注意自己感覺不舒服的時候身體會有什麼動作。我發現我覺得不舒服的時候就會拉耳朵，搔鼻子，抓頭，扯衣領。覺得自己坐不住的時候，我會做出一些神經質的緊張小動作。但是老師規定我們不要企圖改善什麼東西，不管自己做了什麼動作，都不要批評自己，而只是看著就對了。

注意自己如何逃避當下的感覺，可以幫助我們發現那無依無恃的空性。自制——不要習慣性地將衝動發洩出來——這一點和不再追求娛樂有關。透過自制，我們可以看到各種渴欲——侵略性或孤獨感等等——之間的某種東西，以及我們隨後所形成的造作。然而這個東西我們並不想體驗，也無從體驗，因爲我們總是很快就形成造作。

我們日常生活的背後，所有言談的背後，所有動作或意念的背後，都有一個根本的無依無恃的境界。這個境界一直在那裡洋溢著能量。這個境界總是被我們感受成不安、焦躁、恐懼。這個境界驅動了激情、侵略心、無知、忌妒、驕慢，然而我們卻永遠抓不到它的本質。

自制就是了解這份不安與恐懼的方法。這個方法可以使我們安住在無依無恃的狀態，但是如果我們立刻想辦法排遣——我們講話，做事，想事情——就完全喪失了空檔，也就完全無法放鬆了。我們的生活會一直加速。我們會變成我祖父常說的那種神經兮兮的人。自制就是在最深的層次和自己作朋友。這樣我們就會看到那些在打嗝、放屁底端的焦急、掌控和操縱的行爲，或是其他任何東西。在這一切事物的底端，有一個很柔軟、很溫柔的東西，我們卻把它感受成了恐懼或焦躁不安。

以前有一個年輕的精神戰士。她的老師告訴她必須和恐懼決鬥，她卻不想這麼做。她覺得那似乎太好鬥，太嚇人，太不親善了。但是老師說她非做不可，接著便指示她方法。決鬥的那一天到了。她站在一邊，恐懼站在另一邊。她覺得自己很渺小，恐懼看起來卻巨大而猙獰。她站起來向恐懼走過去，三鞠躬之後說道：「我可以和你決鬥嗎？」恐懼說：「謝謝你這麼尊重我，還問我能不能和你決鬥。」然後戰士問它說：「我如何才能打敗你？」恐懼說：「我的武器就是我講話的速度很快，我很快就能逼近你的臉。這樣你就會嚇破膽，我說什麼你就會做什麼。但如果你不按照我的指示去做，我就沒有力量了。你可以聽我說話，也可以尊重我一點。甚至你會完全被我說服。但是如果你不照我的指示去做，我就沒有力量了。」於是戰士便學會了擊敗恐懼之道。

這個方法能使恐懼失效——尊重心中那些神經過敏的妄念，去了解我們的情感如何有能耐把我們耍得團團轉。這份了解可以幫助我們發現自己如何加重了自己的痛苦，加重了自己的混亂，以及如何傷害了自己。正念使我們在妄念生起的那一刻就能看清楚它。透過了解，我們排除了小題大作的連鎖反應。當事情還是小事時，我們已經把它解決了。如此一來事情永遠都是小事，而不會擴大成家庭暴力，不會擴大成第三次世界大戰。這一切都來自於暫停和不去衝動地重蹈覆轍。暫停而不立刻把空間塡滿；這就是一種轉化的經驗。因爲等待，我們開始和根本焦慮連結，也開始和根本的空性銜接。

其結果就是我們不再傷害自己和別人。我們開始徹底了解自己，尊重自己。不論發生了什麼事，不管什麼東西走進我們家裡，或發現了什麼東西坐在我們起居室的沙發上，我們都不驚愕。因爲我們已經徹底學會了解自己，學會誠實，學會了溫柔的正念。

這樣的修持能使我們得到「不傷害」的成果——身（身體）、口（言談）、意（心意）都獲得安寧。身的安寧好像一座山。山上發生了許多事，譬如暴風吹襲，下冰雹，下雨，下雪，太陽曬，雲飄過，動物拉屎拉尿，人也在山裡拉屎拉尿。有人在山裡丟垃圾，也有人在山裡清垃圾。許多東西在山裡生生滅滅，可是山就是不動。我們要是完全了解自己，身體就會不動如山。我們不會神經質地搔鼻子，抓耳朵，打別人，到處亂跑，酗酒。和自己建立完全良好的關係會使自己安靜。這並不是說我們從此不跑，不跳，不舞，而是說我們從此不再有任何強迫性的行為。我們不再過度工作，暴飲暴食，猛抽煙或沉迷於誘惑中。簡單一句話，我們不再傷害自己了。

言語的安歇好像沒有弦的魯特琴。這一把魯特琴雖然沒有弦，還是能夠發聲。這個意象代表我們的言語已經有了定性。然而這並不意味我們必須控制什麼，或是必須很嚴格、很努力地不要講錯話，它指的其實是我們說話率直而又能自制。我們不會因為沒有人開口說話就焦慮不安地找話說。我們不再像喜鵲或烏鴉一般喋喋不休。因為我們什麼樣的話語都聽過了。我們聽過讚美，也聽過侮辱。我們知道每個人都憤怒會是什麼狀況，每個人都很寧靜又是什麼狀況。我們放心地活在世上，因為我們已經對自己放心，所以不會因為緊張，因為習慣的模式而總想利用嘴巴來逃避。我們的言談已經被馴服：我們一講話就和別人產生真正的交流。講話這種能力是一份天賦，我們不該利用這種能力來表達經神官能症，而浪費了這份天賦。

心念的安歇好像山中的湖泊不起漣漪。湖泊不起漣漪，湖泊中的一切便清晰可見。湖水一團渾濁，就什麼都看不見了。湖水無波這個意象代表寧靜的心，對湖底的垃圾懷著無比親善的心，所以不會想要攪動湖水，好讓別人看不見那些垃圾。

「不傷害」還包括保持清醒。保持清醒從某一層面而言就是要放慢速度，注意自己說了什麼話，做了什麼事。越是看清楚自己情緒的連鎖反應，越了解這個連鎖反應怎麼產生作用，就越容易安忍。慢下來，注意，保持清醒——變成了我們的生活方式。

我們所造成的傷害都是源自於無明。但是靜坐可以去除這份無明。看到自己無法止念，看到自己無法安忍，看到內心不平靜——這並不是混亂，而是清明的開始。我們的生命時時刻刻都在流逝。很有意思的是，這樣的修持不但不會令我們焦慮，反而會使我們解脫。我們一旦能完全安住於當下，不再焦慮自己的不完美，我們便自然解脫了。

第七章

絕望與死亡

願意放棄希望，
不再想終止痛苦和不安全，
我們就會有勇氣輕鬆面對
各種情況底端的無所依恃境界。
這是在道途上所跨出的第一步。

心向佛法並不能使你安全無憂或確定什麼東西。心向佛法並不能替你找到立足之地。事實上，一旦心向佛法，你只能無懼地承認生命的無常與變化，而開始掌握「絕望」的竅門。

藏文有一個字很有意思，叫做 ye tang che。其中，ye 的意思是「全部的，完全的」，tang che 的意思是「耗盡」的意思。所以 ye tang che 的意思是「精疲力竭」。或許也可以說是「受夠了」。這句話是在描述一種徹底絕望或完全放棄希望的體悟。這是一個非常重要的觀點。這就是開始的開始。如果不放棄希望——還認為有比較好的地方可以去，還認為自己的狀況可以比較好——我們就無法放鬆而安住在當下的自己和自己的真相。

我們可以說，正念這兩個字指的是與自己的經驗合而為一，不解離。不論什麼時刻，也許是正在開門，電話鈴響了，或是產生了什麼感覺，都要安住於當下。正念的意思就是安住在你的當下。但是，ye tang che 就不是那麼容易了解了。它要表達的乃是靈修上的棄世精神。

認為一切都能得到安頓，是個不切實際的想法。追求永久的安全最終都是徒勞無功的。要根除內心根深柢固的習慣模式，我們必須逆轉自己的一些最基本的假設。相信自己有固定而獨立的自我，永遠趨樂避苦，認爲自己的痛苦應該由外在的某個人負責——這些想法都必須捨棄。不要認爲這些想法可以帶給我們滿足，我們必須放棄這一類的希望。我們總以爲自己還有地方可以躲藏，然而我們一旦有能力質疑這樣的信念或期望，我們的痛苦就開始消除了。

絕望表示我們不再有精神保全我們的人生。我們或許還是想保全，我們仍然渴望站在舒適而安全的地面。我們千方百計地閃躲，千方百計地綁住鬆掉的線頭，可是腳下的地面就是一直在動。拼命尋找永久的安全會教我們許多東西，因爲如果不是這樣，我們就不會明白永久的安全根本不可能存在。心向佛法會加速這項發現。我們在這個過程中，每一次轉彎都會發現自己是絕望的——我們的腳下根本找不到立足之地。有神論和非有神論（nontheism）[1]的差別並不在是否相信神。不

1 譯註：這裡指的不是「無神論」（atheism）。

管是不是佛教徒，這個問題每個人都會碰到。有神論相信我們有一隻手可以牽：只要我們事情做對了，就會有人欣賞我們，照顧我們。意思就是說，只要我們需要被照顧，我們永遠會有保姆。我們總是把自己應負的責任推給身外的東西，把自己的權力讓渡給別人。非有神論則是輕鬆對待當下這一刻的曖昧不明和不確定，也不尋找什麼東西來保護自己。有時候我們以爲佛法是我們自身以外的東西——是讓我們信仰，讓我們依靠的東西。然而，佛法既不是信仰，也不是教條，而是徹底認識無常與變易。如果企圖抓取佛法的精神，它就崩解了。我們必須不抱希望，才能有所體悟。從古至今已經有許多慈悲而勇敢的人體驗過它，也教導過它。其中的信息就是無懼。佛法絕對不是讓我們盲目追隨的信仰。佛法完全不給我們任何可以攀附的東西。

非有神論就是明白你沒有什麼保姆可以依賴。你才找到一個不錯的保姆，不久她就走了。非有神論就是了解來了又去的不只是保姆，其實整個生命都是如此。這就是眞理，而眞理是很不方便的。

有的人總是想抓住一些東西。對這種人而言，生命會更加麻煩。從這個觀點來看，有神論猶如上癮一般。我們每個人都對希望上癮——希望疑惑和不可解之事都能消失。這份癮頭造成了社會極大的痛苦。如果社會大多數人都想替自己找到立足之地，這個社會是不會有太多慈悲的。

佛陀四聖諦的第一諦苦諦，指的並不是人生出了差錯而感到痛苦。這句話眞讓人鬆了一口氣。終於有人講了眞話。痛苦就是生命的一部分，所以我們不必認爲痛苦是因爲我們做錯了什麼事而引起的。可是每次我們感覺痛苦的時候，我們就覺得自己有錯。只要我們還對希望上癮，我們就會稀釋自己的經驗，或者強化它，或是加以改變。於是我們就繼續痛苦下去。

在藏文裡面，「希望」是 rewa 這個字，恐懼則是 dokpa。但是他們常把兩者寫在一起，變成了 re-dok。希望與恐懼是一種心情的兩面。有其中一面，必有另外一面。這個 re-dok 就是我們痛苦的根源。在希望與恐懼的世界裡，我們永遠都想改換電視頻道，改變氣溫，改變音樂；因爲已經有什麼東西開始令人不安、難受、痛苦，所以我們才要選擇另外的出路。

然而抱持的如果是非有神論的心境，放棄希望反而是一種肯定，是開始的開始。你甚至可以在冰箱上面貼一句「放棄希望」的格言，而不是「每一天、每一方面我都越來越好」這類的勵志小語。

希望和恐懼來自於感覺自己缺乏了什麼東西，來自於有所欠缺的感覺。我們就是無法輕鬆下來。我們總是緊抓著希望，於是希望便反過來搶劫我們當下這一刻。我們總覺得別人才知道眞相是什麼，而我們是有所欠缺的，所以我們的世界就少了一些東西。

但是，與其讓這份消極感主宰著我們，我們不妨承認這一刻的我感覺上就像一坨大便一樣。我們甚至可以看著它而不作嘔。承認自己的眞相是一種很慈悲、很勇敢的態度。我們可以聞一聞那坨大便，看看它是什麼質地、顏色和形狀。

我們可以探索一下那一坨大便的本質。我們可以認清厭惡、羞恥、尷尬的本質，而不以爲這些情緒有什麼不妥。過去我們一直認爲有一個比較好的我在某一天會出現，現在我們不妨徹底放下這份希望。我們不能略過自己的眞相而假裝自己不存在。我們要正視自己的希望與恐懼。然後，從我們基本的清明中就會生出信心。

這時候就要談到棄世了。譬如放棄「我們會有不同的經驗」的希望，放棄「我們會更好」的期待。佛教的修行戒規要求戒酒戒色，這並不是說這些東西本身有什麼不好或敗德，而是因爲我們一直把這些東西當作我們的保姆，當作逃避之道，或求取舒適、讓自己分心的東西。其實我們眞正要戒除的是「獲得拯救，不再做自己」的希望。每次我們感覺自己無法面對即將發生的事情，而想抓住什麼東西的時候，棄世這種教誨就會激勵我們去探索整個狀況。

有一次我搭飛機旅行，隔壁坐著一位先生。他一邊和我聊天，一邊不時地停下來吃藥。我問他：「你吃的是什麼藥？」他說那是鎭靜劑。我說：「你很緊張嗎？」他說：「沒有，現在不緊張。但是我想等一下回到家我會很緊張。」

你可能會覺得很可笑，然而當你自己緊張不安的時候，你會怎麼樣？請注意自己的驚慌，還有那股馬上想抓住什麼的欲望。那股欲望總是奠基在希望之上的。不去抓住什麼東西，就叫作絕望。

如果希望和恐懼是一塊錢幣的兩面，那麼絕望與信心也是如此。願意放棄希望，不再想終止痛苦和不安全，我們就會有勇氣輕鬆面對自己無依無恃的狀況。這是在道途上所跨出的第一步。如果根本不想超越希望和恐懼的二元對立，那麼皈依佛、法、僧就沒有意義了。皈依佛、法、僧就是要放棄希望，不再冀求腳下有立足之地。這樣的教誨——不論我們感動與否——就像是聽到了某種熟悉而又難忘的聲音，又像是與母親重逢一般。

絕望就是我們基本的立足點。否則我們會懷著追求安全的希望走這一趟旅程。如果是這樣，我們就失去了目標。我們總是懷著這份希望靜坐，懷著這份希望去研讀佛法，懷著這份希望去遵循所有的指導、開示。但是這一切的後果只有失望和痛苦！如果現在就認眞接受這個信息，我們可以節省很多時間。我們要從不抱這份希望來展開這一趟旅程，也就是抱著絕望開始上路。

所有的焦慮、不滿，所有使我們冀求不同的經驗的欲望，都根源於對死亡的恐懼。這一切的背後永遠都是對死亡的恐懼。鈴木禪師說，人生如同踏上一艘出海即沉的船一般。然而這種話不論我們聽過多少遍，就是難以相信自我的死亡是一件好事。許多精神修持的方法都鼓勵我們認眞看待自我的死亡，不過我們就是很難跑回本壘！人生唯一可以信靠的一樣東西距離我們實在太遙遠了。我們還不至於說：「不會，我不會死！」的原因是我們都知道自己會死，不過那絕對是未來才會發生的事。這就是我們最大的希望。

創巴仁波切曾經作過一次演講，題目叫做「日常生活中的死亡」。我們都是在恐懼死亡、隱藏死亡眞相的文化中長大的。然而，我們無時無刻不在經歷它。失望、做事功敗垂成——這些都是死亡。事情總是一直在變化——我們也可以從其中體驗到死亡。一天結束時，一秒鐘過去時，氣息從嘴裡呼出時——這都是日常生活中的死亡。

另外，我們不喜歡的事也可以說是日常生活中的死亡。婚姻不幸福，找不到工作等等都是死亡。和日常生活中的死亡建立關係，表示我們開始有能力等待，有能力輕鬆地面對不安、驚慌、尷尬和所有的失敗。漸漸的，我們會開始不再急著尋找保姆。

死亡與絕望能夠提供我們正確的動機——想要生活在智慧與慈悲中的動機。但是，我們最主要的動機卻是抵禦自我的死亡。我們習慣性地阻擋任何困擾。我們總是否認事情起變化是很自然的事，否認沙子從指間漏掉是很自然的事。時間流逝、四季變遷、晝夜更迭，這都是很自然的事。可是在我們的眼裡，老病或失去摯愛的人卻是很不自然的事。我們不論如何就是要阻擋那種死亡。

某些事情會使我們聯想到死亡，這時候我們也會感到驚慌。譬如我們切到了手指，血流了出來，於是我們包上繃帶。但是事情並不能如此單純，除了包上繃帶之外，我們還加上了自己的行事風格。有的人默然無語地坐在那裡，血流了一整身。有的人開始變得歇斯底里；他不找繃帶，反而打電話叫救護車送他到醫院。還有的人堅持要用名牌繃帶，然而不論我們的行事風格是什麼，心態都不單純，都不是最底層的那個東西。

難道我們沒辦法回歸到最底層的那個東西嗎？難道我們沒辦法回頭嗎？那個最古老最底層的自己就是開始的開始。赤白的骨頭，流血的手指。倒過頭來，從最小塊的白骨開始面對。輕鬆地安住在當下，輕鬆地面對絕望，面對死亡，不要抗拒因緣的結束，事物的消失。事物並沒有永恆的本質，萬事萬物隨時都在改變——這就是最基本的眞理。

所謂的絕望與死亡，指的就是面對事實，不逃避。我們可能還是會有一些癮頭，但是我們已經不再相信這些癮頭就是通往幸福的門檻。我們已經有太多次耽溺在各種癮頭的短暫快樂中——太多次了，所以我們知道緊抓著這份希望其實就是痛苦之源，短暫的快樂就是長期的煉獄。

放棄希望會激勵我們安住在自己身上，和自己作朋友，不再逃避自己，不論情況如何，都回歸到最底端的白骨。整個事情的背後就是對死亡的恐懼。我們是爲了這個自我的死亡而恐懼不安，驚慌，焦慮。但是，如果完全放棄希望，完全放棄在當下之外另想辦法的希望，我們就會和自己的生活建立起快樂的關係——誠實而直接的關係，一份不再忽視無常與死亡的關係。

第八章

八種世間法

我們或許會覺得
自己必須根除這些苦與樂、得與失、
寵與辱、毀與譽等等感覺。但是，
更實際的方法應該是去了解這些東西，
看看這些東西如何吸引我們，
如何薰染了我們對實相的觀點，
而它們又是如何的虛幻。
然後，這八種世間法就會變成生慈心、
長智慧的工具，
而使我們活得更善良，更知足。

佛法中有關希望與恐懼的古老教誨稱作「八種世間法」。八種世間法就是四組相反之物——四種我們喜歡、執著的東西，加上四種我們不喜歡，總想逃避的東西。這裡面的信息就是，我們只要陷在這八種世間法中，就會受苦。

首先，我們都喜歡快樂，都執著於快樂。反之，我們都不喜歡痛苦。第二，我們都喜歡別人讚美我們，而逃避批評或責難。第三，我們都喜歡且執著於名望，而不喜歡恥辱，總想逃避失寵的那份羞辱感。第四，我們都執著於得，想得到自己所要的東西；既有的也都不想失去。

根據這一則簡單的佛法，耽溺在——痛苦和快樂、得與失、名聲與恥辱、讚美與譴責——這四種對立物中，我們才會不斷地輪迴。

每次感覺很開心的時候，我們心裡想的一定是自己喜歡的東西——譬如讚美、有所得、享樂、名聲。要是覺得不安，憤怒，厭煩，我們心裡的念頭和情緒很可能是繞著痛苦、失落、恥辱或譴責等等在打轉。

就拿讚美和譴責來說好了。假設有人對我們說「你老了」，如果我們剛好希望自己能老一點，我們就會覺得很棒，覺得自己受到了讚美。這時我們會覺得快樂，感覺有所得而倍感光榮。但如果這一年來我們剛好一直在煩惱著臉上的皺紋，那麼我們就會覺得受到了侮辱，遭到了他人的譴責，於是隨之而產生痛苦。

即使不再進一步引申這一則佛法，我們也都看得出來自己的心境和我們如何看待事物有關。仔細觀察我們心境的變化，我們會發現它們其實早就由某個東西引發了。我們早就懷著自己主觀的現實不斷驅動著情緒上的反應。如果有人對你說「你老了」，我們立刻就會進入某種心境——不是快樂，就是悲傷，不是開心，就是生氣。但是對另外一個人而言，這句話卻可能不痛不癢。

講話，收到信件，打電話，吃東西，發生一些事情或沒發生事情。早上我們醒來，睜開眼睛，接著事情一件一件地發生，直到一天終了，上床睡覺爲止。但是晚上睡覺時還有許多事在發生。一整晚我們都在夢中和各種人、事相會。我們對這些事物的反應是什麼？我們是不是執著於其中的某些經驗？我們是不是在拒絕或逃避其他的經驗。我們對這八種世間法的執著到達了什麼樣的程度？

諷刺的是，八種世間法其實是我們自作自受的。我們爲自己的遭遇製造出了這些反應；然而這些反應本身並不具體。更奇怪的是，連我們自己都不是那麼具體。

我們對自己都有先入爲主的概念。我們時時刻刻都在重建這些概念，時時刻刻都在反射式地保護這些概念。然而這些概念其實是很値得懷疑的。這些概念根本就是無事忙，根本就是隨起隨滅的幻象，我們卻爲了它們而忙進忙出。

我們或許會覺得自己必須根除這些苦與樂、得與失、寵與辱、毀與譽等等感覺。但是，更實際的做法應該是去了解這些東西，看看這些東西如何吸引我們、如何薰染了我們對實相的觀點，而它們又是如何的虛幻。然後，這八種世間法就會變成生慈心、長智慧的工具，使我們活得更善良，更知足。

靜坐的時候我們會發現，自己的情感、情緒和得失、寵辱、毀譽等等是息息相關的。我們會發現一開始生起的只是一個念頭或一種能量，接著很快地就被擴大成快樂或痛苦。因爲我們總是希望事情落在樂、寵、譽、得這一邊，所以，當然我們得具備某種程度的無懼。我們有各種情緒變化和情感反應，它們來來去去，無休無止。

有時候我們會發覺自己完全陷在劇情中。我們憤怒的程度就好像有人走進屋裡朝我們臉上打了一記耳光一樣。這時候我們會突然想起來：「等一下，怎麼搞的？」我們仔細一想，就會發現那份失落感或羞恥感是無中生有的。我們不知道這個念頭是從哪裡來的，然而我們就是被這八種世間法「勾攝」住了。

這時候我們應該去感覺一下那股能量，盡全力去化解當時的念頭，讓自己暫停一下。在那些庸人自擾的煩惱之外，還有一片廣闊的天空。就在暴風雨的中心，我們可以把這一切都丟掉，放鬆下來。

有時候我們也會陷在快樂或喜悅的幻想中。我們仔細一看就會發現，不知道爲什麼我們就是覺得自己得到了什麼東西，贏得了什麼東西，爲了什麼事而受到了讚美。那些從心底湧出的東西如同夢境一般，完全沒辦法控制，完全無法預料。總而言之，我們就是被八種世間法勾攝住了。

人是很容易預料的。一個小小的念頭冒了出來，然後開始擴大，我們還不知道究竟是什麼東西打擊到我們，就已經陷入了希望與恐懼中。

西元八世紀時，一個偉大的人把佛教傳到了西藏。這個人就是蓮花生大士，又稱上師仁波切。傳說有一天早上他坐在池中的蓮花上，就這樣來到了世間。據說這個不凡的小孩從一出生便完全覺醒了，他從出生的第一刻就了解所有的現象——

不論內在還是外在——都不是眞實的。他只是不知道日常生活的事物該如何運作罷了。

他是個很好奇的小孩。從第一天他就發現，因爲自己的風采和美，每個人都被他迷住了。每次只要他開心、快樂，大家就跟著快樂起來，而紛紛讚美他。國王非常喜歡他，讓他住進宮裡，視同己出。

有一天，他拿著國王的權杖和響鈴跑到王宮的屋頂上遊玩。他在屋頂上跑著跳著，搖鈴揮杖，十分高興。後來由於好奇，他把權杖和響鈴往天空一丟，結果權杖和響鈴掉到王宮外面的路上，砸死了路人。

國人都覺得很憤慨，同聲要求國王驅逐他。那一天，他被送到了荒野，沒有行囊，也沒有吃的東西。

這個好奇的小孩此刻學到了俗世運作重要的一課。故事中說道，他在這麼短的時間裡所嚐到的譽與毀，已經足以使他明白俗世的運作是怎麼一回事了。從那時候開始，他就放棄了希望和恐懼，歡歡喜喜地從事喚醒世人的工作。

我們也可以這樣利用我們的人生。我們可以探索自己所做的每一件事中的二元對立。與其自動落入慣性反應，我們不妨開始注意別人稱讚我們的時候，自己會有什麼反應。別人責怪我們的時候，自己又有什麼反應；我們有所失，有所得的時候會有什麼反應；感覺痛苦或快樂時，這份感覺是不是一生起就結束了？後面是不是還有一整本的劇情要上演？

我們如果能懷著孩子一般的好奇心去探索這些事情，觀察這些事情，並且看到自己和自己的所作所爲，那麼，原先的問題就會變成智慧的源頭。奇怪的是，這份好奇心竟然會斬斷我們所謂的自我的痛苦或自我中心，而使我們看得更清楚。我們通常都會隨著快樂或痛苦而呈現兩極化的擺盪。我們會落入慣性模式而完全不自覺。在我們發現眞相之前，我們已經捏造出某人是對的以及我必須如何如何的劇情。然而，我們一旦看清楚這整個過程，我們的心就會輕鬆起來。

我們很像小孩子在沙灘上築城堡一樣。我們用漂亮的貝殼、浮木、玻璃等裝飾這一座沙堡。這一座沙堡是我們的，別人不能碰。要是有人想把它弄壞，我們一定會攻擊他。不過我們雖然這麼執著，我們還是知道潮水終究會把它沖走。關鍵在於盡情享受但不執著，時間到了，就讓它回歸大海。

讓事物離去，有時候叫做不執著，但是又不帶有這三個字常令人聯想到的冷漠感。這種不執著是更友善、更親切的；那是一種想要知道什麼的欲望，就像三歲小孩提問題的態度一樣。我們想了解痛苦，免得一直逃避。我們想了解快樂，免得一直抓著不放。所以我們的問號越來越大，我們的好奇心越來越強。我們想了解「失」，這樣我們才能明白別人的生活瓦解時是什麼感覺。我們想了解「得」，這樣我們才能領會別人的歡樂，以及他們的傲慢和得意忘形。

我們越是能洞悉自己的眞相，就越是能慈悲對待自己，而且自然能夠以溫柔的態度對待人類。一旦了解了自己的困惑，我們就會願意幫助別人解除疑惑，即使玷污自己的手都沒關係。如果我們不觀察自己的希望和恐懼，不觀察意念的生起和意念生起之後的連鎖反應——如果我們不接受這一股能量的磨練，不淋漓盡致地演出這一場大戲，我們就會感到恐懼。我們生活的世界，我們接觸的人，出現在大門口的怪獸——所有的事物都會變得很恐怖。

所以我們一開始只是單純地觀察自己的情緒和心念。一開始觀察自己的心念，可能只是因爲我們自覺不妥或痛苦，而想要反省自己的行爲。但是漸漸的，我們會越來越純熟。我們開始發現別人和我們一樣，也都被八種世間法勾攝住了。不管在什麼地方，我們都看到人們因爲八種世間法而感到痛苦。顯然人人都需要幫助；但是如果不從自己開始，別人也無從受益。

於是我們修練的動機開始改變了。我們開始爲了別人而變得馴服，講理。雖然我們還是想了解心智是如何運作的，而世俗又如何蒙蔽了我們，然而我們已經不只是爲自己，而是爲了朋友，爲了孩子，爲我們的老闆——爲整體人類的困境而修練。

第九章

六種孤獨

我們往往會把孤獨當作敵人看待。
孤獨所造成的心痛
絕不是我們想要的東西。
那是一種焦慮不安、
嚴陣以待、急於逃亡，
而又想找個人或找樣東西
來陪伴我們的感覺。
但是，如果我們能安於中道，
我們就會跟孤獨建立起友好的關係。
這份輕鬆而又清涼的孤獨感，
將徹底翻轉我們平日的恐懼。

「中道」是沒有軌則的[1]。沒有軌則的心不會想要化解自己，它既不固定，也不抓取什麼。但是，我們怎麼可能沒有軌則呢？沒有軌則無異於改變我們平日習以爲常、根深柢固的反應模式：我們總是希望或左或右都能行得通。如果我無法往左或往右走，我就會死！沒有左邊或右邊可以去，我們就像置身戒毒中心一樣，毒癮發作卻沒有毒可以吸。我們變成了廢物，一直想往左走或往右走來逃避心裡的焦慮。這份焦慮感覺起來可眞沉重。

然而，那麼長久以來的偏左或偏右，堅持是或不是，對或不對，我們事實上也沒改變什麼東西。追求安全的結果只得到了短暫的快樂。這很像打坐時換姿勢一樣。我們盤腿坐下來，腳酸了就換姿勢。換了我們就覺得：「哇！眞輕鬆！」可是要不了幾分鐘，我們又會開始想換姿勢。我們換來換去，只爲了追求快樂，追求舒適。可是我們得到的滿足卻是很短暫的。

我們聽說過太多有關輪迴的痛苦，也聽說過太多有關解脫的事。但是我們卻很少聽說從卡住到解脫有多痛苦。解脫的過程需要極大的勇氣，因爲基本上我們得徹底改變我們覺知現實的方式，簡直就像改變自己的一樣。我們想要改變的模式並不只是我們自己的模式，而是全人類的模式：我們在這個世界投射了無數解決問題的方法。我們應該有更白的牙齒、沒有雜草的草坪，不需要再奮鬥的人生，以及不再窘困的生活。從此以後我們就可以永遠過著快樂幸福的日子了。這種模式使我們永遠不滿，而且造成了極大的痛苦。

身而爲人，我們不但事事尋求解答，還認爲自己應該得到解答。然而，我們不但無法得到解答，還爲了得到解答而吃盡苦頭。我們無法得到解答的原因是我們應該擁有比它更好的東西。我們應該擁有自己與生俱來的權利，那就是中道。中道是心的開放狀態，這樣的心能輕鬆面對矛盾和曖昧不明的狀況。因爲我們多少都在逃避不確定，很自然便產生了退縮症候群——因爲一直認爲自己有問題，所以需要某地的某人來對治一番，而產生了退縮。

中道全然開放，不過卻很艱苦，因爲中道完全違反了自古以來人類共有的神經

1 譯註：參照禪宗〈信心銘〉中所說的「究竟窮極，不存軌則。」

質模式。只要一覺得孤獨或感到絕望，我們就會想要往左或往右靠攏，而不想坐在那裡感受自己的心境。我們不想戒毒。可是中道卻鼓勵我們戒毒。中道鼓勵我們喚醒每個人——包括你們和我——本具的勇氣。

靜坐提供了一個方法，讓我們接受中道的磨練——留在原地，不再逃避。不管心裡生起什麼東西，都不加以評斷。事實上，中道鼓勵我們不論心裡生起什麼東西，都不要緊抓不放。平常所謂的好、壞，都當作意念來看，不要演出是非論斷的戲碼。老師要我們覺知意念的來去，就像用羽毛輕輕地碰一下泡沫那樣。這種簡單清楚的方法使我們不再掙扎，因而發現了一種清新的、不偏頗的存在方式。

孤獨、沉悶、焦慮等等情緒總是令我們欲去之而後快。如果我們無法輕鬆面對這類情緒，就很難維持中道。我們要的是輸贏、毀譽。譬如，有人遺棄了我們，我們會很不願意面對那種赤裸裸的不舒服感。我們會替自己捏造受害者這種身分，然後就想盡辦法發洩情緒，或者告訴對方他有多糟。我們不由自主地想以各種方式來掩飾痛苦，因此總是認同勝利或受害的偏見。

我們往往會把孤獨當作敵人看待。孤獨所造成的心痛絕不是我們想要的東西。

那是一種焦慮不安、嚴陣以待、急於逃亡，而又想找個人或找樣東西來陪伴我們的感覺。但是，如果我們能安於中道，我們就會跟孤獨建立起友好的關係。這份輕鬆而又清涼的孤獨感，將徹底翻轉我們平日的恐懼。這種清涼的孤獨有六種描述的方式：寡欲、知足、不從事不必要的活動、徹底的紀律、不留連於欲望世界、不藉散漫的意念尋求安全感。

如果我們內心的一切活動都在渴望有個東西來改變我們的心境，替我們打氣，而我們卻願意不尋求解答，謹守孤獨——這就是寡欲。練習這種孤獨可以播下安心的種子，消解我們的根本焦慮。譬如，靜坐的時候，每次一有妄念生起，我們就告訴自己那是「念」，而不讓妄念帶著我們團團轉，這就是在接受「安住於當下，不跟當下解離」的訓練。然而昨天或者前天，上個禮拜或去年，我們還不願意這麼做，所以我們現在做不到。不過一旦全心全意地練習寡欲，事情就會開始轉變。我們會感覺自己比較不受「重要劇情」的誘惑。雖然我們還是非常孤獨，雖然我們只能安坐兩秒與那不安共處，但畢竟昨天我們只能安坐一點六秒。這就是精神戰士之道。這就是勇者之道。我們越是能夠不失控，不瘋狂，就越能體會清涼孤獨中的滿足。片桐十州禪師常說：「人可以孤獨而不被孤獨動搖。」

第二種孤獨叫做知足。人一旦一無所有，也就沒什麼好失去的了。我們事實上並沒有什麼好失去的，只是我們被設定成有許多東西可以失去。這種感覺都源自於恐懼——恐懼孤獨，恐懼改變，恐懼事情解決不了，恐懼自己不存在。我們一方面希望自己能逃避這份感覺，一方面又怕逃避不了——於是希望和恐懼就變成了我們的軌則。

如果在人生腳本中間畫上一條線，假設我們的立場是偏右的，我們就認爲自己已經很清楚自己是誰了。或者我們的立場偏左，我們也會對自己是誰有一份確定感。可是如果我們不靠邊站，我們就不知道自己是誰了。我們就不知道該怎麼辦了。我們失去了規則，失去了可以緊抓不放的手。這個時刻我們可能會抓狂，也可能安下心來。知足是孤獨的同義詞，清涼的孤獨，在清涼的孤獨中安下心來。安下心以後，我們就不再相信逃避孤獨可以帶來永久的幸福、快樂、平安、勇氣或力量。通常我們必須放棄這種信念千百萬次，一次又一次地和自己的神經過敏及恐懼修好，同樣的事情做個千百萬次，但是要帶著覺知。如此這般，一直到有一天，可能連我們自己都沒注意到，某些事情便默默地改變了。這時我們已經可以安於孤獨而不另尋慰藉，知足地處在當下的心境和質感中。

第三種孤獨是避免不必要的活動。如果我們的孤獨非常炙熱難挨，我們就會尋找出路，尋找一些東西來解救我們。我們一旦有了所謂孤獨這種不安的感覺，我們的心就開始發慌，想找個同伴來解除我們的絕望。這就叫做不必要的活動。不必要的活動爲的是讓自己忙碌，免得感到痛苦。這種不必要的活動，有時候是過度期待愛情，有時候是把小小的一句閒話傳成了晚間新聞，有時候則是隻身進入荒野。這些活動裡都有一個東西，那就是照我們往常的習慣尋找同伴，照我們的老套拉開自己和孤獨這個妖魔的距離。但是，我們能不能定下心來，對自己保持一份慈悲和敬意？我們能不能不要逃避和自己獨處的機會？感到驚慌時，能不能練習不跳脫，不抓取什麼？輕鬆面對孤獨是一件有價值的工作。日本詩人良寬說：「想要尋找意義，就不要追逐那麼多東西。」

第四種清涼的孤獨就是徹底的紀律。徹底的紀律指的是，只要一有機會，我們都願意回過頭來輕柔地安住於當下。這就是透過徹底的紀律所呈現的孤獨。我們願意坐在那裡，孤獨地一個人坐在那裡。這種孤獨是不需要刻意培養的。我們可以安靜坐著，一直坐到了解事情實際上是怎麼一回事爲止。我們每個人基本上都是孤獨的；不管在哪裡，我們都沒有東西可以攀緣。然而，這並不是問題，因爲這樣才會讓我們發現一個完全眞實的存在狀態。我們那些習慣性的假設——我們所有的觀念——都讓我們沒辦法用清新的、開放的眼光看待事物。我們常說：「噢！是的，我知道了。」但是我們並不知道。在根本上，我們什麼都不知道。凡事都沒有定論。這個眞相可眞棘手，我們很想逃跑。但是，要了解我們生活中種種無解時刻的奧妙，回過頭來輕鬆面對孤獨這令人熟悉的東西，卻是一個很好的方法。逃避孤獨這深奧的無解狀態，就是在欺騙自己。

第五種孤獨是不留連欲望世界。留連欲望世界就是尋找出路，尋找某樣東西——食物、酒、人——來安慰我們。欲望這個字包含了一種上癮的意味——因爲想讓情況變得好一些，所以就想盡辦法抓住某樣東西。會有這種上癮的欲望，是因爲沒有成長。我們還是想「回家」，還是希望回到家一打開冰箱就有我們喜歡吃的東西。如果沒有，我們就開口叫媽！然而，在道途上前進就是要離開家，要無家可歸。不留連欲望世界意味著正視事物的眞相。孤獨根本不是問題，它是不需要解決的。我們所有的經驗都不是問題。

不藉散漫的意念尋求安全感是另一種清涼的孤獨。腳下的地毯已經被抽掉了，勝負已經分曉，我們沒有路可以再逃了！我們甚至不再從喋喋不休的自我對話中的是或不是、如何或不如何、應該或不應該、可以或不可以來得到慰藉。有了清涼的孤獨，我們就不再寄望從自己內心的喋喋不休獲得安全感。所以我們才說替這些東西標上「念」就夠了。這些妄念並沒有客觀的眞實性，它們是透明的，不可捉摸的。我們只需要稍稍和它們接觸一下，就立刻放掉它們，而不要無事忙。

清涼的孤獨讓我們誠實而不帶侵略性地看著自己的心念。我們可以逐漸放下心中的那些理想——譬如我們應該要成為什麼樣的人或想要變成什麼樣的人，或者別人可能會認為我們想要變成什麼樣的人、應該變成什麼樣的人。我們可以放下這種種的理想，慈悲而幽默地直覷自己的眞相。這時，孤獨就不再是威脅，不再是心痛，不再是懲罰了。

清涼的孤獨不給我們解答，不為我們提供依恃。清涼的孤獨向我們挑戰，要我們跨進沒有軌則的世界，跨進不偏於一邊、不選擇固定見解的世界。這就是中道，也是精神戰士的聖道。

早上醒過來，不知道爲什麼，就是覺得疏離，孤獨。這時你能不能把它當作大好機會？不要去困擾自己，也不要認爲出了什麼嚴重的問題。在這個哀傷而又充滿渴慕的時刻，你能不能放鬆下來，接觸一下人類內心的那個無垠的空間？下次如果有機會，請你試試看。

第十章

對生命好奇

在日常生活中體認無常、苦、無我，
並且要對自己的反應追根究底。
弄清楚安祥是怎麼一回事，
弄清楚我們的根本心境
是否真是喜悅的。

我們的生命有三則眞理——傳統稱之爲「三法印」：無常、苦、無我。這幾個名詞雖然道盡了生命最深的本質，卻令我們感到備受威脅。我們很容易就認爲無常、苦、無我這樣的觀點是有問題的。然而這就等於是認爲我們根本的處境是不妥的。但是，無常、苦、無我並沒有什麼不妥，甚至還値得慶幸。我們根本的處境其實是喜悅的。

無常乃是眞正的善。四季不斷地變化，冬變成春，春變成夏，夏變成秋。白天變成黑夜，光明變成黑暗又變爲光明——一切都在不斷地演化。無常乃是萬物的本質。寶寶變成了小孩，小孩變成了少年，少年變成了大人，然後又變成老人，最後死亡。這就是無常。離合是無常。戀愛又失戀是無常。無常永遠是苦樂參半的，就像是買了一件新襯衫，幾年後卻發現它已經變成百衲被的一部分了。

可是我們並不尊重無常。我們不喜歡無常。事實上無常使我們深感絕望。我們視其爲痛苦的根源。我們抗拒無常而製造了一些持久——甚至是永久——的東西：譬如免洗餐具、免燙的褲子等等。我們努力否定事情永遠在變，在這個否定的過程中我們逐漸失去了生命的神聖感。我們似乎忘記了自己本是自然體系的一部分。

無常乃是和諧的本源。只要不抗拒無常，我們就能安於實相。有許多文化都歌頌這份連結。他們透過各種儀式來表現生死、離合、參戰、戰敗、勝利等等人生的變遷。我們也可以和他們一樣承認、尊重和讚美無常。

然而苦又是怎麼一回事呢？我們爲什麼要讚美苦？讚美苦聽起來好像被虐狂一樣。我們的苦多半源自於恐懼無常，我們的痛苦總是根源於片面的、偏頗的現實觀。誰說我們可以只有快樂而沒有痛苦？可是全世界每個人都這麼說，我們也就接受了。然而痛苦和快樂是分不開的。兩者都值得讚美，都是極爲平常的事物。生是痛苦而又快樂的，死也是痛苦而又快樂的。事情結束了，就是另一件事的開始。痛苦不是懲罰，快樂也不是獎賞。

心靈啓示與不幸是不可分的，但是每次碰到痛苦，我們總是想去之而後快，而不想觀察痛苦和快樂是怎麼相互作用的。重點不在於培養其中的一樣來反制另一樣，而是要弄清楚這種相互的作用和我們自身處境的關係。心靈啓示和不幸相輔相成。只有心靈啓示，我們會傲慢。只有不幸，我們會失去憧憬。心靈啓示鼓舞我們，使我們了解這個世界有多麼廣大，多麼奇妙。不幸則使我們謙卑。心靈啓示使我們和這個世界的神聖性相連。但是如果情勢逆轉，不幸也能夠使我們柔軟下來，讓我們的心成熟。不幸也可以是了解別人的一種基礎。心靈啓示和不幸都值得讚美。我們可以既偉大而又渺小。

那麼，無我也值得讚美嗎？我們往往認爲無我就是巨大的失落，其實無我是一種獲得。承認無我——我們的自然狀態——就像視力失而復得，就像聽力失而復返。無我好似太陽的輻射線，太陽並不是一個固體，但是太陽的光線總是向外照射。同理，當我們不再只是關心自己，覺醒很自然就會照射出來。無我相當於本善或佛性，那是一種無條件的存在。這種存在我們本自具足，從來不曾失去。

我們不妨將自我界定爲遮蔽本善的東西。從經驗的層面來看，自我遮蔽的到底是什麼東西？自我遮蔽了我們當下的經驗，使我們無法與自己當下的經驗產生連結。無我就是對世界的神聖性懷著最徹底的信心的一種心態。那是一種無屬性的幸福感，它可以包容各種不同的經驗，而又能處在無條件的喜悅中。

所以我們要如何在日常生活中讚頌無常、苦、無我呢？當日常生活呈現出無常時，我們就認清那即是無常。我們不需要尋找特殊的時機去認清無常。你在寫一封很重要的信，寫到一半墨水沒了，這就是無常，也是整個生命循環的一部分。小孩子出生了，認清這就是無常。汽車被人偷走了，認清這就是無常。戀愛了，認清這就是無常，並且讓它強化我們對生命的珍惜。一段關係結束了，認清這就是無常。每一天從睡醒到入睡，甚至在夢中，我們都可以看到各種無常的實例。這是二十四小時都要進行的修練。認清無常即是無常。

然後我們可以再看看自己對無常的反應。這時好奇之心就產生了。通常我們對日常事件的反應都是習慣性的。我們也許高興，也許不高興，也許興奮，也許失望。這裡面沒有智慧，沒有歡愉。但是，一旦認清無常即是無常，我們就可以同時觀察自己對於無常的反應。這就叫做正念、覺察、好奇、探索、注意。但不管叫做什麼，觀察自己對無常的反應是很有益的，這麼做可以幫助我們了解自己。

生活中出現了苦，我們就認清那是苦。我們遇到己所不欲的事情，得不到自己想要的東西，生病了，老了，接近死亡了——自己生活中如果發生了這些事，我們都可以觀察苦之爲苦是怎麼一回事。接著我們可以好奇、注意、覺察自己對苦的反應。通常我們的反應會是怨恨或覺得上當受騙，有時也會覺得開心。但是，不論我們反應如何，都只是一些習慣罷了。因此我們可以看看自己接下來的衝動，看看自己如何製造出苦的副產品。這些副產品既不好也不壞，只不過是我們對苦或樂的一些慣性反應罷了。我們只是單純地看著這些反應，既不加以評斷，也不淨除它們。

當無我的狀態出現時，我們就認清那是無我——在這清新的一刻，我們會覺察到一絲氣味，一個景象，一種聲響，感覺到某種思緒、情感，而不躲到狹隘的自我中。我們一旦體驗到生活中的空性，覺知到自己喋喋不休的自我對話有時停了下來，發現自己注意到近在眼前的事物，發現自己以新鮮的、清澈的、未加修飾的覺察力覷透了實相，那一刻就是我們認出無我的時刻。所以無我不是什麼大不了的事。只要我們的知覺是清新的、開放的、愉悅的，我們隨時都能認出無我。奇妙的是，即使我們不知道眼前發生了什麼事，即使失去了軌則，受到了震驚，使我們腦筋一片空白，我們仍然能體驗到無我。這時我們可以觀察一下自己的反應。有時候我們會更加開放，有時我們卻封閉住自己。但是不論如何，只要生活中一出現無我的情況，我們就認清那是無我。我們可以注意、好奇、覺察自己的反應和接下來所發生的事。

安祥通常被視爲存在的第四個法印。這裡所指的安祥不是與戰爭相反的和平，而是了解了所有的對立物都是相輔相成以後所得到的祥和。有美必有醜。有對必有錯。智慧跟愚昧是分不開的，這已經是很古老的眞理了——你我這樣的人很早以前就知道這則眞理了。培養須臾不離的好奇心，我們會發現自己每天都能擁有這份安祥。

因此，不要認爲凡事都是理所當然的，不要全盤相信別人告訴你的話。我們不應該落入嘲諷或容易上當的反應，而是要眞正活出佛法的精神。在日常生活中體認無常、苦、無我，並且要對自己的反應追根究底。弄清楚安祥是怎麼一回事，弄清楚我們根本的心境是否眞是喜悅的。

第十一章

不侵犯與四魔障

所有的魔障都顯示出
放下即是徹底覺醒之道，
時時刻刻隨著吐出的氣息而死亡。
一旦覺醒，
我們就可以全然活著而不趨樂避苦；
即使生命陷落時都不需要重塑自己。

悟道的那個晚上，佛陀坐在樹下，受到了魔王大軍的襲擊。傳說中的魔王用刀箭射向佛陀，然而刀箭一射出就變成了花朵。

這個故事的意思到底是什麼？以我個人的了解，這個故事的意思是，我們習慣上認爲是魔障的東西，其實並不是我們的敵人，而是我們的朋友。我們所謂的魔障，其實是這個世界和我們全部的經驗要提醒我們卡在何處的一種方式。看起來像是刀箭的東西，體驗起來卻像是花朵。某件事情對我們而言到底是魔障，還是敵人，或者是師友，完全取決於我們對實相的覺知，取決於我們和自己的關係。

佛法說，魔障有外在的障礙，也有內在的障礙。以這樣的脈絡來看，外在的障礙就是覺得有某個外面的人或事在傷害我們，破壞我們的和諧與安祥。某個壞蛋毀了我們的一切。這種障礙感通常發生在關係的互動和其他的情況中。我們感覺失望、受傷、疑惑、受到了打擊。從有時間以來，這種感覺就是人常有的。

至於內在的障礙，除了自己的疑惑之外，恐怕再也沒有別的東西在妨礙我們了。除了我們想保護自己、不希望別人傷害我們之外，也許根本沒有什麼具體的障礙。不喜歡自己現在的狀況，希望它快點結束——這大概是我們唯一的敵人吧！但是，從修行中我們發現，除非我們學會了自己必須學會的功課，否則障礙是不會消失的。即使我們以每小時一百哩的速度跑到美洲大陸的另一端，還是會發現同樣的問題。這些問題會一再地以新的名稱、形式和顯化而重覆出現，直到我們認清自己在什麼地方偏離了實相，認清自己碰到事情就退縮而無法完整地體驗自己所遭遇的一切爲止。

創巴仁波切有一次問我們學生說：「你們碰到無法忍受的事情會如何反應？面臨危急的時候會怎麼樣？」我們坐在那裡，不知道怎麼回答。於是他逐一點名，要我們回答。因爲我們很害怕，所以回答得都很眞實。我們每一個人說的都差不多——大意都是不希望別人傷害我們，我們會很混亂，完全忘記了平日修持的東西，只剩下了慣性反應。那一次之後，每當我們感覺自己受到攻擊、背叛，或是感到疑惑而無法忍受、接納眼前的情況時，不用說，我們都能很清楚地看到自己的反應了。我們到底是封閉的，還是開放的？我們是難過、生氣的，還是終究柔軟了下來？我們是增長了智慧，還是反而變得愚昧了？受苦是否令我們更加了解人性，還是反而更不解？我們對這個世界到底是更加苛刻，還是更寬容？我們是被那些刀箭刺穿了，還是把它們變成了花朵？

佛法描述各種魔障的本質，也說明人類總是習慣性地變得困惑，因而失去了本慧以及對本慧的信心。有關魔障的教誨，闡述了我們逃避現況的幾種常見的方式。

魔障有四種，第一種叫天魔（devaputra mara），第二種叫蘊魔（skandha mara），第三種叫煩惱魔（klesha mara），第四種叫死魔（yama mara）。「天魔」和追求快樂有關。「蘊魔」指的是我們總想重塑自己，爭回立足之地，變回我們心目中的自己。「煩惱魔」指的是我們總因爲情感而愚昧昏聵。「死魔」指的是我們對死亡的恐懼。這四種魔障指的都是那些似乎不斷在攻擊我們的東西。當初佛陀所經驗的也就是這四種魔障。

天魔指的是對快樂的追求。天魔的作用是這樣的：每當我們感到不安、尷尬的時候，每當痛苦以任何一種形式示現在我們面前，我們都會急著想逃跑來恢復安適的感覺。我們不管遇到什麼障礙，那個障礙都有力量把我們腳下的毯子抽掉，把我們誤認爲安全與確定的泡影戳破。每次受到這樣的威脅，我們都無法忍受那份痛苦、焦慮或反胃的感覺，無法忍受憤怒的炙熱感或是怨恨的苦澀感。所以我們就開始想辦法抓住快樂的事物。我們一味地趨樂避苦，我們總是依循這種可悲的習慣作反應。

「天魔」是我們對「逃避痛苦」上癮的寫照。每次一有痛苦，我們就一再尋找別的東西來把痛苦塗掉。我們喝酒，吸毒，嚼口香糖，聽音樂。甚至靜坐都被我們用來逃避生活中的不悅、尷尬與各種尖銳的情境。有人對著我們投刀射箭，我們不但不把它們變成花朵，還想盡辦法逃避，落跑。顯然，趨樂避苦的方法實在太多了。

當然，這並不意味我們應該把追求快樂視爲一種障礙。因爲從追求快樂之中，我們也可以觀察到自己面對痛苦的各種造作反應。與其逃避不安、慌亂，我們反而應該打開心胸，面對人類的進退兩難之局。人類的進退兩難之局已經在這個世間製造了太多的痛苦。我們會發現，將天魔之箭變成花朵的方法，就是睜開心眼看看自己如何逃避痛苦。讓我們以無比溫柔而又明透的心來看看自己有多麼脆弱。我們可以透過這樣的方式去發現那些看起來醜陋的事物其實就是智慧的源頭，也是讓我們和自己的本慧重新銜接的通道。

蘊魔指的是我們腳下的毯子被抽走以後的反應。這時我們的感覺是自己已經失去了所有美好的東西。我們從自己的巢裡摔了出來。我們在太空中航行，卻不知道接下來會發生什麼事。我們進入了荒無人煙之地：本來我們什麼都有，一切都很順利，突然間原子彈落了下來，我們的世界粉碎了。我們完全不知道接下來會如何，甚至不知道自己到底身處何方。於是我們開始重塑自己。我們盡己所能地回歸本有的自我概念，把它當成了堅固的基礎。創巴仁波切說這就是「對輪迴的懷舊之情」。

自我的世界崩解了，我們終於得到了修行的大好機會。然而，我們並不信任自己的本慧，所以不敢安住在那個崩解的狀態中。我們產生了慣性反應，一味地想把自我找回來——連自己的憤怒、不快、恐懼、困惑都想找回來。我們如此這般重塑自己堅實不變的人格，如同米開蘭基羅從大理石鑿出人像一般。

蘊魔與其說是悲劇或通俗劇，倒不如說是情境喜劇。就在我們終於有機會可以領悟某些事情，眞的願意敞開心胸、認清事實之際，我們卻轉身戴上了葛洛丘・馬克思（Groucho Marx）的小丑眉毛和大鼻子。我們不肯開懷大笑，不肯立即放下，因爲我們可能會發現一些東西，但是天曉得我們會發現什麼東西？

同樣的，我們也不必把這樣的過程視爲障礙或問題。這樣的過程感覺上縱然像是刀箭，可是如果我們把它當成一個機會，來了解自己如何一再地試圖重塑自己，那麼刀箭就會變成花朵。我們可以讓自己開放地探索接下來可能發生的事。與其掙扎著找回自己的自我概念，我們其實可以進入那種一無所知的心境。那就是我們的本慧。

煩惱魔指的是那些強烈的情緒。當一份單純的情緒生起時，我們通常無法任由它去，反而會開始慌張。我們把自己的妄念編成了劇本，因而製造了更強烈的情緒。我們不是用開放的態度來面對自己不悅的情緒，而是拿出風箱對著它猛灌風。我們用自己的妄念和情緒來維持它的火焰及熱度。我們不讓它離開。

當一切都崩解的時候，當我們感到疑慮、失望、震驚、尷尬時，我們的心就會變得非常清楚，非常清新，而不偏頗。可是我們看不到這一點。我們反而覺得自己如同進入了荒原一般，充滿著驚慌和疑慮，我們誇大自己的情緒，跑上街頭搖旗吶喊地說一切都糟透了。我們挨家挨戶地敲門要求別人簽署請願書，直到整連的人都贊同了我們的觀點而認爲世界一無是處爲止。我們已經忘了自己從靜坐學習到的事物眞相。強烈的情緒一旦生起，我們原本執著的教條和信仰，相形之下立即變得很可憐，因爲那些情緒實在太強烈了。

就這樣，一開始是廣大的開放空間，最後卻變成了森林大火，變成了世界大戰、火山爆發或海嘯。我們都在「利用」自己的情緒。我們都在「利用」它們。我們無法任其生滅，卻利用它們來奪回我們的安全感，企圖讓一切事情都在預料之中，並且一味地蒙蔽事情的眞相。事實上我們可以安坐在那裡讓情緒過去，既不需要譴責，也不需要替自己辯護。只是我們不但不這麼做，還要火上加油，藉著這些情緒讓自我變得更堅實一些。

我們實在沒有必要認爲這樣的過程是障礙或是問題。我們要是能看清楚情緒的狂野不羈，就會開始善待自己，對自己溫柔，而且會善待別人，乃至於對所有的生命都溫柔以待。這時我們就會開始察覺，自己因爲不肯安於一無所知之中的疑慮、尷尬和痛苦，所以一再地造作出一些愚昧的行徑。這份覺察會使我們對自己對別人生起眞正的慈悲心，因爲這時我們已經看到生命陷落時所發生的事，以及我們心中所生起的反應。因為這份覺察，刀箭才變成了花朵；因為這份覺察，那些醜陋的、困擾的、要不得的事情才變成了我們的老師。

我覺得，所有的魔障都根源於對死亡的恐懼。不過，死魔尤其是如此。從輪迴的觀點來看，我們所謂的美好生活，通常指的都是我們已經得到了整合。我們終於開始感覺自己是個好人，品行良好，個性祥和，要是有刀箭射在我們身上，我們也不會因此而失去平衡。我們已經懂得把刀箭變為花朵。我們覺得自己幸福得不得了。所有鬆掉的線頭都綁起來了。我們很快樂，覺得生命就是這麼一回事了。

我們以為只要自己時常靜坐、慢跑、飲食適當，一切都會歸於圓滿。然而從覺醒者的觀點來看，這卻是死亡。在追求安全或完美的過程中，一旦感覺肯定、完整、自給自足、安適，便開心起來，這都算是一種死亡。這裡面沒有新鮮的空氣，沒有空間容許別的東西來打斷一切。我們因為企圖掌控自己的經驗而把「當下」這一刻謀殺了。這麼做無異於自尋煩惱，因為我們遲早都會碰到自己無法掌控的事：房子失火、摯愛的人死了、發現自己得了癌症、被屋頂掉下的磚塊砸到頭；有人打翻了蕃茄醬罐，醬汁濺到我們的白西裝；已經到了自己最喜歡的餐廳，卻發現餐廳當天休業。

生命的本質總是充滿著挑戰的。生命有時甜蜜，有時候苦澀。你的身體有時緊張，有時輕鬆、開放。你有時候頭痛，有時候又覺得自己百分之百地健康。從覺醒的觀點來看，把鬆掉的線頭綁起來其實是一種死亡，因爲這麼做，排除了許多生命基本的經驗。把所有崎嶇不平的地面鋪平——如此對待生命其實是一種侵犯。

要想徹底活著，作個完整的人，或是要完全覺醒，就得不斷地被拋出巢外，不斷地進入無人之境，保持清新，鮮活地體驗每一個當下。活著，就是要一次一次地死去。從覺醒的觀點來看，這就是人生。死亡就是抓住已有的東西不放，希望每一次的經驗都向你保證，祝賀，讓你覺得自己完全沒事。所以，我們雖然說死魔就是恐懼死亡，但實際上是害怕活著。

我們要求完美，卻老是看到自己的缺點，我們無法逃避這個事實，我們沒有出口，也無處可逃。刀箭就在這個時候變成了花朵。如果我們和自己看到的東西合而爲一，和自己感覺到的東西合而爲一，也就開始和自己的本慧銜接了。

如果沒有這四魔障，佛陀會不會覺醒？沒有這四魔障，他會不會證悟？四魔障爲他示現了他的眞相和眞理，它們難道不就是他最好的朋友嗎？所有的魔障都指出了一條路，那就是，只要放下，只要捨，只要讓自己時時刻刻隨著氣息的呼出而死亡，我們就會完全覺醒。既然覺醒，我們就可以徹底活著，不再趨樂避苦；狀況出錯時也不必重塑自己。我們可以感受自己的情緒是冷是熱，是震驚還是柔順，而不利用情緒來使我們停留在無明和愚昧中。我們可以不要求完美，只求時時刻刻全然體悟自己的經驗。要想做一個完整的人，逃避絕對不是辦法。逃避當下的經驗，猶如熱愛死亡勝於活著。

觀察那些刀箭，觀察自己對這些刀箭的反應，我們就會回歸自己的本慧。與其想辦法去除什麼東西，與其認爲自己受到了攻擊，不如利用這個機會觀察自己受到「壓迫」時如何封閉自心。所謂「把心打開」就是如此這般地去做。這樣我們才能喚醒自己的智慧，和根本的佛性連結。

第十二章 長大

自始至終，要想直觀本心、
發現真相，
從來就不是誠實與否的問題，
而是能否仁慈對待自己和
尊重自己的洞見。

我的辦公室掛了一幅日本書法卷軸，上面畫著菩提達摩，另外還提了一句話：直指本心，見性成佛。菩提達摩濃眉怒目，看起來脾氣很暴躁，一副消化不良的樣子。聆聽佛法，靜坐，都是在探究自己。我們來到這個世界，無非就是爲了探究自己，不論是在吃東西、做事、說話或聽人說話時，我們都可以探究自己。甚至有人說，光是探究自己便足以取代所有的書籍了。

講經說法無非是要幫助我們了解以下這個簡單的道理，那就是，只有在自己的經驗中才能找到智慧，而我們的痛苦都是自己製造的。我們的心其實是廣大無邊而充滿著喜悅的，只有透過我們自身的經驗，才能了解什麼是所謂的精神官能症，什麼才是究竟的中道實相。

菩提達摩把禪宗從印度傳到中國。他以勇猛精進著稱。有一個故事說他因爲靜坐時老是打瞌睡，於是就把自己的眼皮割掉，丟到地上。結果這兩塊眼皮卻變成了茶樹，接著他又發現他可以喝茶保持清醒！他決心了解眞理，絕不妥協，而且不接受別人的說法。他最大的發現是，只要直覷本心就可以發現佛性，發現事物的眞相，而完全沒有任何蔽障。

不論處在任何一種情況中，我們都可能發現真相，只要我們能探究內心的每一個角落和縫隙、每一個黑洞和亮點，而不介意那個地方有多麼的陰鬱、詭異、可怕、光采，驚悚、恐怖、喜悅、充滿啓示、祥和或憤怒。我們可以直接觀察這所有的東西。許多人都鼓勵我們這麼做，而靜坐可以提供我們方法。我初聞佛法的時候，讓我最感到寬心的是，佛法不但有教誨，而且有方法可以倒過來探索和驗證這些教誨。我從第一天就知道，我必須像菩提達摩一樣，自己去發現事物的眞相。

然而，等到我們眞的坐下來打坐，誠實觀察自心的時候，打坐卻變成了一項令人毛骨悚然而又沮喪的嘗試。我們會失去所有的幽默感，而只是下定決心頑強地追究自己那一團混亂的困境。我們如果這樣修練，要不了多久就會感到沮喪，並且充滿著罪惡感，到最後一定是撐不下去的。我們可能會對自己信任的人說：「這麼搞到底有什麼樂趣？」

因此，除了「看清楚」之外，還有一個很重要的因素，那就是仁慈。不誠實，不看清楚，我們不會進步。我們會陷入惡性循環中。但是誠實而不仁慈卻會使我們陷入嚴苛與瑣碎。要不了多久，我們就會覺得自己好像在吸檸檬一樣的酸澀無比。

我們會過度自省，而失去了以往曾經擁有的知足與感恩。我們會對自己、生活以及別人的癖性感到厭惡。就是這個道理，所以我們才非常強調仁慈。

仁慈有時也稱作「愛」——把自己的愛喚醒。但是仁慈有時又稱作「溫柔」，也可以被詮釋成無限的友善。如果以日常的實際方式來描述那份使我們與無條件的喜悅相連的元素，我們通常還是稱之爲仁慈。誠如越南的一行禪師所言：「光是受苦還不夠。」

紀律也是非常重要的。坐下來打坐，我們就要遵守方法，聽從老師的開示。然而，我們爲什麼會對自己如此嚴苛？我們是爲了「應該」才打坐嗎？是爲了要成爲「好」佛教徒才打坐嗎？是爲了討好老師不下地獄才打坐嗎？我們在打坐時如何看待當下生起的東西，我們就要用同樣的方式看待生活中所發生的事。所以我們的挑戰就是：除了看清楚之外，還要培養仁慈之心，在輕鬆喜悅的心情之下修行，不要背負著罪惡感，不要悽悽慘慘。如若不然，我們就是在貶抑每一個人，貶抑自己。沒有任何事是合乎標準的，怎麼做都無法完美。誠實但缺乏仁慈、幽默、善心，就會苛刻。自始至終，要想直觀本心、發現眞相，根本就不是誠實與否的問題，而是能否仁慈對待自己和尊重自己的洞見。

對自己仁慈、尊重自己是非常重要的事。這件事之所以這麼重要是因爲，我們一旦覷透自己而發現那些混亂的、清明的、苦澀的或甜蜜的種種，我們發現的並不只是自己，而是整個宇宙。發現自己是佛，就發現所有的人事物皆是佛，每一個人都是覺醒的，萬物都是覺醒的。萬物都同樣珍貴，圓滿，良善，每個人都同樣珍貴，圓滿，良善。如果我們能夠開放而幽默地看待自己的意念、情緒，我們就會如此看待宇宙。其實我們講的不只是個人的解脫，而是如何才能幫助自己的社群、家人、國家、整個洲陸、整個世界、整個銀河系以及每一個我們想去的地方。

我們會自然而然地轉變。我們會發現，因爲我們內在有了某種程度的勇氣——願意觀察自心，直下覷透本心——因爲對自己已經慈悲到某種程度，所以我們可以很有信心地忘掉自己，向世界開放。

唯一令我們無法對別人敞開心胸的原因就是，別人會激起我們心中的困惑，而我們可能沒有足夠的勇氣或理智去加以對治。可是如果我們能夠仁慈地看清楚自己，我們自然會覺得有信心而沒有恐懼，和人眼光接觸時也就沒有任何障礙了。

對外界開放會使自己和他人都受益。我們越和人接近，就越快發現自己堵在什麼地方，在什麼事情上不友善、懼怕、封閉。看清楚這些東西對我們是很有幫助的，但是也很痛苦。通常我們都會不知道怎麼辦，而開始防衛自己。我們不仁慈，不誠實，不勇敢；我們或許現在就想放棄。但是，如果我們聽從開示，對自己直下覷透的東西溫柔相待而不評斷，那麼鏡中原來那個令人尷尬的影像就會變成朋友。看見這個朋友會使我們溫柔，心靈得到啓示；因爲我們知道這是和他人唯一相處之道，也是唯一可能有益人世之道。

這就是成長的開始。只要我們還不願意對自己誠實、仁慈，我們就永遠長不大。但是如果我們開始接受自己，「自負」這個古老的重擔就會很快地輕鬆起來。

第十三章

擴大慈悲的圈子

只有在開放、不評斷的空性中，
我們才會承認自己的感受。
只有在開放的空性中，
我們才不會卡在自己的現實觀裡。
這個時候我們就會看見、聽見、
感覺到別人的真相。
這樣我們才能夠
和他們正確地相處與交流。

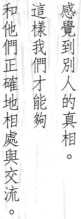

慈悲通常意味著去幫助那些比我們不幸的人。因爲我們的機會比較好，又受過良好的教育，所以我們應該對那些沒有這類條件的人慈悲。然而，研究一下「喚醒慈悲心，幫助他人」的教誨，我們卻發現慈悲不只是用來對待他人的，同時也要用來對待自己。慈悲就是最高的修行。與人相處就是最高的修行。交流——慈悲的交流就是最高的修行。

以慈悲心和人相處是一種挑戰。發自內心的交流以及把自己的心開放給他人——子女、配偶、父母，乃至於街上無家可歸的人——意味著不把那個人排除在外，不把自己排除在外。這意味著感覺如何就是如何，不要把這份感覺推開；接受自己的每一個部分，不論喜歡或不喜歡都接受。要能夠這樣，就必須開放。開放，佛法有時候稱之爲「空」——不固定在任何事物之上，不緊抓住什麼東西不放。只有在開放、不評斷的空性中，我們才會承認自己的感受。只有在開放的空性中，我們才不會卡在自己的現實觀裡。這個時候我們就會看見、聽見、感覺到別人的眞相。這樣我們才能夠和他們正確地相處與交流。

最近我和一位老先生聊過天。這四年來他都睡在街上。四年來從未有人正眼看過他一眼。或許有人給過他錢，就是沒人正眼看著他，問他好不好。對別人而言他是不存在的。這種不存在的感覺，還有那份孤單、孤立的感覺，是非常強烈的。這使我領悟到一點，那就是，我們應該對所有的人都慈悲，不要因爲害怕、恐懼或憤怒而退縮。

慈悲是很難辦到的事。我們每天都活在關係中。尤其是如果我們想幫助別人——患了癌症、愛滋病的人，受虐婦女、兒童、動物，任何有傷痛的人——我們很快會發現一件事，那就是，我們幫助的那個人不久便引發了我們自己的問題。我們想幫助別人，甚至眞的幫了幾天、幾個月，但是遲早都會遇見一個把我們的問題掀開來的人。這時我們會怨恨這個人，或者害怕，覺得自己沒辦法應付他。如果我們眞心想幫助別人，時常都會發生這種狀況。我們自己的問題或早或晚都會冒出來；我們遲早得面對自己。

伯納・葛拉斯曼老師（Roshi Bernard Glassman）在紐約的揚克斯（Yonks）爲無家可歸者推動了一項計畫。上次聽他演講時，他說了一句話讓我十分震憾。他說他做這件事並不是爲了幫助別人，而是因爲進入自己一向排斥的社會領域，就等於幫助自己進入過去一向排斥的自我領域。

雖然這種觀念在佛法裡是很平常的，可是要實踐卻很困難。更難的是聽到人家說我們對外排斥些什麼東西，就是在排斥自己內心的什麼東西；排斥自己內心的什麼東西，投射到外界就排斥什麼東西。然而事情的確是這樣的。如果我們覺得自己沒用而放棄自己，就會覺得別人也沒用而放棄了他們。我們恨自己的某個部分，就會恨別人的那個部分。我們多少會因爲對自己慈悲，所以也對別人慈悲。自始至終我們都要對自己所不喜歡的那些部分，那些我們連看都不想看的缺點慈悲相待。慈悲並不是什麼自我改善的至高計畫或理想。

大乘佛法有一句話說：「一切都怪自己。」這句話的本意是：「如果很痛苦，那是因爲你抓得太緊的緣故。」這句話的意思並不是說我們可以盡情傷害自己，也不是在提倡烈士精神。這句話的意思是，就是因爲太執著於自己的方式，才會產生痛苦；我們一覺得不舒服，或是發現自己處在不理想的情境及環境，就把責怪別人當成了出口。

我們總是習慣性地豎立「責怪」這個障礙，來避免跟別人進行眞實的交流，再用誰對誰錯來鞏固這個障礙。我們總是如此對待自己最親近的人，對政治制度，對自己的親友，對社會上自己所不喜歡的一切都是如此。自古以來，這就是我們讓自己舒坦的方法，而且技巧日益精良。責怪，爲的是保護自己的情感，保護內心那塊柔軟的、開放的、溫柔的部分。我們不想承認那份痛苦，於是匍匐而上尋找舒適的立足之地。

「一切都怪自己」這句話很有意思，因爲這句話建議我們改變那根深柢固、年久月深、老是想按照自己的意思抓住一切的習慣。改變的第一步就是，每當自己想責怪別人的時候，先要試著去覺察那份想緊抓住自己的感覺。想責怪別人到底是什麼感覺？排斥別人是什麼感覺？怨恨是什麼感覺？義憤塡膺又是什麼樣的感覺？

我們每個人的心中都有大量的愛與溫柔。觸及這個溫柔的部位想必就是起點了。慈悲就是這麼一回事。不再責怪別人以後，經過一段時日，我們自然會擁有一個開放的空間，而開始感受到這個溫柔的部位。「責怪別人」建立了一層保護自己的殼，一旦感受到自己的溫柔，卻好比摸到自己藏在這層殼之下的傷口一般。

我們必須培養自己的能力，以開放之心和痛苦共處，而不急於尋找依恃。慈悲、空性這類的佛教詞彙必須等到我們擁有這些能力之後，才會有意義。譬如，我們對某個事件感到很憤怒，通常我們會有兩種處理的方式，一是怪別人，一是怪自己。怪別人就是歸咎，認為一切都是別人的錯。怪自己就是為自己的憤怒而感到罪惡，覺得自己怎麼可以這麼憤怒。

責怪別人是一種強化自我的方法。事情一有什麼不對勁，我們不但會指責別人，還想把事情「矯正」過來。不管我們是處在婚姻、親子、顧傭關係或靈修團體中，我們總是想「增進」這份關係，因為我們總是緊張。或許我們覺得這個關係不符合我們的標準，所以我們就替它找理由，改進它。我們告訴別人我們的先生、太太、孩子、老師或支持團體做了某些以靈修為名的反社會行為。有時候我們挾怨而堅守某種教條，為的只是固守自己的立場。我們總覺得必須按照自己的標準來改變事物。有時我們已經無法再待在某個狀況中，後來這個狀況變得更離譜，而我們的處理方式也非常錯誤，因為我們以為自己只有一個選擇。事情要不就對，要不就不對。

我們總是以自己為準。我們不是認為自己對，就是認為自己不對；日復一日，周復一周，月復一月，年復一年，一輩子都是如此。我們必須感覺自己「對」才會覺得舒服。我們不能錯，否則就覺得不舒服。然而，我們其實可以對自己所有的一切都慈悲一點。覺得自己對的時候，我們可以看看這樣的對是怎麼一回事。認爲自己對會覺得很舒服。我們總是認爲自己完全正確，可能有許多人也認爲我們完全正確。但是，如果有人不以爲然呢？那時候我們會如何反應？我們是憤怒，還是開始侵犯別人？在當下的一刻觀察自己的憤怒或侵略性，我們會發現戰爭就是這樣造成的，種族暴動就是這樣造成的：別人不苟同我們的時候，就覺得別人遺棄了我們而義憤塡膺，或者覺得自己非「對」不可。反過來說，如果我們覺得自己不對勁或深信自己不對，我們也可以觀察一下自己的感覺。這種對與錯的觀念，使我們整個人封閉了起來，令我們的世界變得很小。但是，就因爲希望自己的狀況或關係固定不變，永遠可以掌握，所以我們看不到事物的眞相，那就是，事物本來就是易變的。

與其非要說別人是對或錯，與其把自己封閉在對錯之中，我們不妨採取中道，強而有力的中道。我們可以將中道視爲坐在剃刀的刀刃上，既不落入左邊，也不落入右邊。中道意味著不緊抓著自己的版本不放，意味著開放我們的心與頭腦，仔細地把玩以下這個看法，那就是當我們指責別人是錯的時候，我們其實是在企圖得到某種安全感和依恃。同理，我們會認爲什麼事情對，也是因爲我們想找到依恃或安全感。我們的心和頭腦能不能寬大到承認自己並不確知誰對誰錯，而安住在那份空性中。我們要去見某人或談某件事的時候，有沒有辦法事先不排「議程」，不事先想好要對他說什麼，不事先認定他是對或錯？我們有沒有辦法看到、聽到、感覺到別人的眞相？中道是強而有力的，因爲我們會發現自己老是愴愴惶惶地尋找安全感——總想確定自己或別人是對或錯。然而，只有在開放的空性中才會有眞正的交流。

不論事關我們自己或是我們的情人、老闆、子女、本地的金主，還是政治情勢，只要不對任何人封閉自己的心，不把別人當敵人看，才是誠實勇敢的。只要開始這麼生活，我們就會發現自己完全沒辦法認定事情是對或錯，因爲事情本身實在比對或錯要善變而詭譎得多。凡事都是曖昧不明、一直在更遷和變動的。任何一個狀況，只要有人涉入，就有許多變數。尋找絕對的對或錯只是我們和自己在玩的一場遊戲罷了，爲的是要讓自己覺得安全，舒適。

這使我們面臨了一個更大的問題，那就是，我們如何才能改變這個世界？這個世界的侵略性如何才能降低？我們可以把這些問題降到個人的層次來談：我如何才能學會和那個傷害我的人溝通？和那個傷害許多人的人溝通？我如何與人交談才能產生眞正的轉化？我要如何與人交流，才能打開我們彼此的空間，讓我們在人人本具的智慧上相互接觸？在某種可能引發暴力的情境中，我要如何與對方交流，才不會使雙方的憤怒和攻擊性不可收拾？我該如何與對方溝通，才能使雙方膠著的情況流動起來？我該如何與對方溝通，才能使內心那些凍結的、停滯的、具有侵略性的東西軟化，讓彼此產生慈悲的交流？

這一切的第一步就是願意感受自己所經歷的狀況，開始和自己認爲不值得存在的那一個部分建立起慈悲的關係。只要我們願意透過靜坐來覺察那些令我們覺得舒服或痛苦的感受，只要我們決心隨時隨地對自己的感受保持覺醒和開放，完整地認清與承認自己的感受，那麼事情就會眞的改變。

要能夠慈悲地對待別人，讓自己的言行能夠產生眞正的交流，就要觀察那個正在說自己是對或錯的自我。我們可以在這個節骨眼上思考一個事實，那就是，不論對或錯，都有太多其他的可能性，我們不妨活在那個比較溫柔而不確定的地方。只要我們找得到那塊地方，它就會幫助我們對自己的感受開放。我們會發現，只要開始這樣訓練自己，開始欣賞自己以前不可能欣賞的部分，我們內在就會產生眞正的變化，永久的變化。我們原先根深柢固的習慣會開始軟化；和人交談時，我們會開始看到他們眞正的面貌，聽見他們心中的話語。

不論我們有什麼感受，只要慈悲地觸及自己的感受，我們的保護殼就會開始融化，我們會發現自己生活的許多領域都是行得通的。我們一旦學會對自己慈悲，那麼慈悲的圈子——這裡指的是對人、對事以及對待的方式——就會跟著擴大。

第十四章

不死之愛

在困苦的時刻，
只有菩提心可以治療我們。
當心靈啟示不見了，
而我們準備放棄時，
我們就會在痛苦的溫柔中
找到治療的藥方。
這個時刻我們才能觸及
菩提心的精髓。

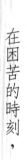

某人有個兩歲大的孩子。他說有一天打開電視機，無意間看到奧克拉荷馬州聯邦大樓的爆炸事件。他看到消防隊員把受傷的孩子從一樓的安親班抱了出來，那些孩子渾身上下都是血。他說，以前他可以用疏離的態度看待別人的痛苦，但是爲人之父以後就不一樣了。他覺得這些小孩每一個都是他的孩子，他們父母的悲傷也就是他的悲傷。

這份和他人的痛苦相連的親情，這種無法再疏離地看待他人痛苦的無力感，就是發現了自己內心的溫柔地帶，發現了菩提心。菩提心在梵文的意思是「覺醒或高貴的心」。佛法認爲菩提心是人類與生俱來的。牛奶裡面本來就有牛油，芝麻裡面本來就有油脂，你我本自具足這份溫柔的情懷。

史蒂芬・勒文（Stephen Levine）曾經描述過某位女士臨死的時候非常痛苦，當她再也無法忍受那份痛苦和怨恨的時刻，她開始能體會衣索比亞一位飢餓的母親內心的痛苦，一個翹家少年因爲吸毒而在一間舊公寓裡等死的那份感受，一位被土石流淹沒而孤獨地在溪邊等死之人的心情。這位婦人說她終於領悟到這不是她的痛苦，而是眾生的痛苦；這不是她的生命，而是生命的本身。

如果我們不再掩飾自身的脆弱，不再掩飾生命根本的脆弱，就能喚醒這份菩提心。十六世大寶法王（Gyalwa Karmapa）曾經說過：「你把這個世界的痛苦全部吸入體內。讓這個世界的痛苦深深觸動你的心，然後化爲慈悲。」

佛法認爲，在困苦的時刻，只有菩提心可以治療我們。當心靈啓示不見了，而我們準備放棄時，我們就會在痛苦的溫柔中找到治療的藥方。這個時刻我們才能觸及菩提心的精髓。孤獨、恐懼、感覺被人誤解或排斥，這其中就存在著萬物的心跳，眞正的慈悲心。

寶石縱然埋在地下一百萬年也不會污損，挖出來以後照樣發光發亮。同理，菩提心不論經歷什麼考驗都不會受影響；不論我們曾經如何的自私、殘暴、貪婪，我們永遠都不會失去眞正的菩提心。眾生都有菩提心，它不會被污損，永遠完整無缺。

我們總是以爲保護自己免於痛苦就是對自己好。但眞相是，我們只會更加恐懼，更加僵硬，更加疏離。在這種情況之下，我們所經驗到的自己是和整體分開的。這種界分感對我們而言如同監獄一般。這一座監獄會把我們關在自己的希望和恐懼之中，使我們只在乎自己身邊的人。奇怪的是，我們越保護自己，就越痛苦。

然而如果我們開放自己，讓自己心碎，反而會發現自己與萬物是一體的。達賴喇嘛曾經說過，自私的人有兩種，一種不聰明，一種聰明。不聰明的自私者只想到自己，所以結果總是混亂、痛苦。聰明的自私者知道要爲自己好，而最好的方法就是爲別人好。這種爲別人好所產生的結果卻是喜悅。

如果看見老弱婦孺在街上乞討、有人在打狗、少年人遭受殘暴的毆打或是小孩子驚恐的眼神，我們會不會因爲忍受不了而轉身走開？大部分人都會。我們需要有人鼓勵我們不要躲避自己的感受，不要爲自己心裡的哀傷和愛而感到羞赧，不要懼怕痛苦。我們需要有人鼓勵我們去喚醒內心這個溫柔的部分，並因此而改變我們的人生。

施受法（tonglen）可以喚醒菩提心，讓我們觸及自己眞正高貴的情感。施受法接收痛苦，釋放喜悅，把我們反向運作的習慣逆轉過來。

施受法可以創造出空間，使生命的大氣流通，讓人自由而輕鬆地呼吸。不論我們遭遇任何形式的痛苦，都可以用施受法將這份痛苦吸進來，並祝福他人能免於痛苦。不論我們遇見任何形式的快樂，都可以把這份快樂呼出去，釋放出去，希望每一個人都能感受到快樂。施受法可以使人感覺不那麼沉重，偏狹，也讓我們了解自己可以毫無條件地愛別人。

波與希妲・羅佐夫（Bo and Sita Lozoff）二十年來一直在幫助監獄裡的囚犯。他們在獄中教打坐，懇談，以書信提供建議。他們的信箱每一天都爆滿，但是他們都盡可能回信。希妲說，她有時候覺得很累，但是自然而然地她就開始練習施受法，把那些信件裡的痛苦吸進來，而釋放出「解脫」。

很多罹患愛滋病的人臨死之前都開始練習施受法。他們吸進「同一條船」上其他人的痛苦，吸進千百萬個愛滋病患的痛苦，而呼出健康與仁慈。有一個人說：「施受法不會傷害我，卻讓我覺得沒有白白受苦，覺得自己不再孤獨，不再是那麼沒用的人。施受法令這一切都變得有意義。」

我們總是努力保護自己免於受苦，卻等於是穿上了甲胄。這一件甲胄會禁錮我們柔軟的心。我們想盡辦法不要任何不安的感覺，並且努力延續自己認爲美好的感覺。看看雜誌上遊客在海灘戲水的照片，我們都希望生命能永遠如此美好。

但是，吸進痛苦會穿透我們的甲胄，我們的防衛心會開始軟化。於是這一件沉重的、生鏽的、破爛的甲冑看起來就不再那麼堅固了。吸進痛苦使甲冑開始崩裂，我們開始感覺自己能夠放心地、自由地呼吸，感覺自己內在有一股仁慈與溫柔的能量。這時我們發現自己的人生不再像坐在牙醫的治療椅上那樣，老是覺得很緊張。

呼出輕鬆與寬大，可以促使甲冑崩裂。「呼出」暗喻的是打開自己的整個生命。如果我們擁有什麼珍貴的東西，不要緊抓著它不放，而是要放開手和大家分享。我可以把自己全部奉獻出去。我可以分享人類深不可測的經驗中的財富。

有一個人從嬰兒時期就受到性侵害。他開始完整地憶起童年的一切。也不知道從哪裡得來的靈感，他開始吸進自己在幼年時那種飽受驚嚇、無依無助的痛苦，然後又吸進所有孩子的痛苦，吸進那些曾經歷過疾病、虐待、漠視或戰爭的孩子們的痛苦。就這樣，他無意間發現了菩提心。

我們都可以在類似的情況下發現菩提心，不需要什麼奮鬥或掙扎。事情發生了，還不知道要怎麼處理，感覺很不確定，菩提心往往就存在於這種脆弱的時刻。菩提心會顯現成一種根本的開放態度，佛教徒稱之爲空性。菩提心會顯現成根本的溫柔、慈悲或溫暖。但是如果我們踱來踱去，好像在期待自己會遭遇不幸，我們就會堵塞菩提心。如果我們能放掉彼與此之間的緊張，放棄我們和他們之間的鬥爭，菩提心就會顯現。

在相對的層次上，我們這份高貴的心感覺起來就像是與萬物同源的親情。在絕對層次上則是無依無恃或開放的空性。

由於菩提心不給我們依恃，所以也能打破我們平日的觀念和理想。我們無法把菩提心當作變成善良之人的計畫，當作有事發生時可以依靠的東西。菩提心不是這麼明確的東西。

菩提心會喚醒我們的溫柔情懷，所以我們無法利用菩提心來隔絕自己和別人。菩提心並不是什麼「痛苦中的空性」這類抽象的東西。我們也不能憑空說一句：「什麼事都沒發生，所以什麼事都不必做。」就算了。

相對與絕對層次的菩提心如果一起作用，就會使我們與無限的愛銜接。不死之愛的特質就是慈悲與空性。

體驗到菩提心這個明亮的部分，感覺上就像回到了家一樣；好像罹患了許久的失憶症，突然想起自己是誰一樣。詩人魯米（Jolaluddin Rumi）有一首詩描寫一些夜行者不逃避黑暗，反而追尋黑暗，因爲黑暗是願意了解自己有什麼恐懼的人的伴侶。不論是求職面試的恐懼，還是戰爭、偏見、仇恨所帶來的恐懼，不論是孤獨寡婦的恐懼，還是小孩子遭受父母恥笑和虐待的恐懼，這些夜行者在痛苦的溫柔中發現了菩提心。

洗眼鏡、梳頭這種清理東西的時刻，菩提心會生起。看著藍天、聽雨的時刻，菩提心會生起。想起別人的仁慈，認識到別人的勇氣時，菩提心也會生起。音樂、舞蹈、藝術、詩歌裡面都有菩提心。只要不緊抓自己，睜開眼睛看看身邊的世界，只要和悲傷銜接，和喜悅銜接，放掉自己的不滿、憤怒，這裡面都有菩提心。

我們常說精神的覺醒猶如登高望遠。我們放棄自己的執著和世俗的事物而往山上爬。爬到頂峰時，我們就超越了所有的痛苦。這個比喻唯一的問題是，我們把其他的人都丟下了——我們丟下了酗酒的弟弟、患精神分裂症的妹妹、受到虐待的動物和苦惱的朋友。他們的苦依然存在，並沒有因爲我們的逃亡而解脫。

發現菩提心的旅程剛好相反。發現菩提心的旅程不是向上提昇，而是向下探索。這種情形就像我們要爬的山是位於地心，而不是懸在半空的。我們不是要超越眾生的痛苦，而是要朝著騷亂和困惑前進。我們可以跳進去。我們可以滑進去。我們也可以溜進去。不論以何種方式，我們就是要朝著它前進。我們要探索痛苦與不安全感的眞相以及不可預測的本質，而試著不去排斥它們。如果這種探索需要花上幾年，甚至一輩子，我們照樣探索下去。我們按照自己的步調，不急不徐，一直向下探索，向下探索。有千百萬個人正在與我們同行，朝著遠離恐懼的覺醒之路前進。一旦探索到底我們就會發現水源——菩提心之水。就在水深火熱之中，我們發現了不死之愛。

第十五章

逆轉習性

施受法逆轉了
我們趨樂避苦的慣常邏輯。
我們在施受法的修行過程中
解除了自私這個存在已久的模式。
我們開始感受到對己對人的愛，
開始關心自己也關心別人。
施受法能喚醒我們的慈悲心，
為我們帶來寬廣的實相觀。

要想對別人慈悲，先要對自己慈悲。如果想關心那些陷入恐懼、憤怒、忌妒、各種上癮症、傲慢、貪婪、自私或吝嗇的人——想關心這些人，對這些人慈悲，就不能逃避在自己身上發現這些東西的那份痛苦。事實上，我們對痛苦的態度是可以改變的。我們可以打開自己的心，不防衛也不躲避，而只是去感受那份痛苦，讓那份痛苦淨化我們，柔軟我們的心，使我們更有愛心，更仁慈。

施受法令我們和自己的、身邊一切事物的痛苦連結在一起。施受法能克服我們對痛苦的恐懼，消除我們心裡的緊張。然而施受法最主要是能喚醒我們與生俱來的慈悲心——不論我們看起來多麼冷酷無情。

練習施受法，一開始要找一個我們認識的人，因爲我們知道他心裡有多痛苦，因此想幫助他，接著我們開始領受他的痛苦。譬如我們知道有一個小孩受傷了，我們就想像自己把他的痛苦和恐懼吸進來，並且希望能因此而除掉他的痛苦和恐懼。接著我們又開始呼氣，送出快樂與歡喜，或是你想給他的任何東西。這就是施受法的精髓——吸進別人的痛苦，使他有空間得以放鬆，開放，然後呼氣，送給他解脫或任何你認爲能使他解放、快樂的事。

可是我們往往不願意做這項練習，因爲我們必須同時面對自己的恐懼、抗拒或憤怒，以及自己在當時所生起的任何一種痛苦。然而這個時候我們其實可以改變焦點，爲自己、也爲當時和我們一樣痛苦焦灼的千百萬人行施受法。或許我們能分辨自己的痛苦，我們知道那是恐怖，或是厭惡、憤怒、仇恨。於是我們就替所有處在同樣心境的人吸進這些東西，然後呼出解脫或任何可以爲我們、也爲無數人打開內心空間的東西。我們分辨不出那是什麼樣的痛苦，可是我們覺得胃緊緊的，生活裡一片黑暗等等。這時我們只是單純地去接觸這份感覺，然後爲了我們每一個人而把它吸進，也爲了我們每一個人而呼出解脫。

大家常說，施受法背離了我們平日保護自己的習慣。確實，施受法的確違背了我們總是希望事情順己之意的習性。我們總是希望事情對我們有利，至於對別人如何就不管了。但是施受法推翻了我們內心四周的高牆，化解了我們力圖製造的自我保護層；用佛法的語言來說就是化解了自我的頑固與執著。

施受法逆轉了我們趨樂避苦的慣常邏輯。我們在施受法的過程中解除了自私這個存在已久的模式。我們開始感受到對己對人的愛，開始關心自己也關心別人。施受法能喚醒我們的慈悲心，爲我們帶來寬廣的實相觀，帶領我們進入無限廣大的空性。一旦行持施受法，我們便開始和自己的存在中這個開放的次元銜接。於是我們發現事情並沒有那麼嚴重，那麼牢不可破。

我們可以爲生病的人、臨終者、亡者或遭受任何一種痛苦的人行施受法。施受法也可以是一種隨時隨地進行的冥思。外出在路上看見有人遭遇到痛苦的事，我們可以當場就行施受法，吸進他的痛苦，而呼出解脫。看見遭受痛苦的人，我們很可能掉頭不顧；因爲他的痛苦引發了我們的恐懼或憤怒，引發了我們的抗拒和困惑。這時我們可以當場爲那些和自己一樣恐懼的人，爲那些希望自己慈悲卻十分恐懼的人，爲那些希望自己勇敢卻怯儒的人行施受法。我們不打擊自己，而是把自己的遭遇當墊腳石，去了解人類在這個世界所面臨的痛苦。我們爲每一個人而吸進痛苦，爲每一個人而呼出解脫。我們就這樣把毒藥當解藥來用。我們可以利用個人的痛苦來成就對眾生的慈悲。

如果想當場行施受法，只要吸進再呼出就對了——吸進痛苦，呼出空性與解脫。

但是如果打坐時行施受法，這時的施受法總共有四個步驟：

1. 首先把心情放鬆下來，進入開放、安靜的狀態。這一個階段，傳統上的說法是「憶起絕對菩提心」或「頓時向根本的空性與清淨敞開」。

2. 熟習此法的感覺，把熱、黑、重這一類的感覺——幽閉恐懼症的感覺——吸進來，再把清涼、明亮、輕鬆——一種清新的感覺——呼出去。透過所有的毛孔完整地吸進來，也透過所有的毛孔呼出去，放射出去，一直做到這些東西的一進一出與自己的呼吸同步為止。

3. 處理與個人有關的狀況——任何一種與自己有關的痛苦情境。傳統上，施受法都是從自己很關心、很想幫助的人開始做起。但是，我前面說過，如果你自己有痛苦，你也可以為自己、為所有同病相憐的人行施受法。譬如，如果你覺得自己有所不足，你可以為自己、也為「同一條船」上的人吸進這份痛苦，然後呼出信心、豐足或解脫。

4. 最後，把這種「吸進」和「呼出」的範圍擴大。如果你一開始是為自己所摯愛的某人行施受法，現在你就擴大去替所有的朋友行施受法。如果你一開始是為了路上或電視上看到的人行施受法，現在你就開始為同一條船上所有的人行施受法。也就是把範圍擴大成一個人之上。如果你想為所有和自己一樣憤怒或恐懼的人行施受法，這樣的範圍應該夠大了。但不論如何你還是可以把範圍更加擴大。你可以為自己一向敵視的人——傷害你或傷害他人的人——行施受法，想像他們和你或你的朋友一樣，大家都有疑惑，都卡在某個地方，然後為他們行施受法，吸進他們的痛苦，呼出解脫。

施受法可以無限擴展。開始行施受法以後，你的慈悲心會漸漸拓展，你會逐漸明白事情並沒有你想像的那麼牢不可破。按照自己的步調行施受法，你會很驚訝地發現自己越來越能面對以往所不能面對的問題。

第十六章

和平侍者

六度波羅密和日常行為的不同在於，
波羅密是建立在般若（智慧）之上的。
般若是一種看待事物的方式，
它可以消解我們的執著傾向，
它也是一種自欺探測器，
以免我們變成「正義之師」。

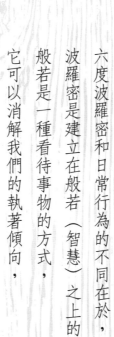

想像有一個地方可以讓人學習和平的藝術，一個精神戰士的新生訓練營。我們在裡面日復一日所學習的並不是打敗敵人的戰術，而是消弭戰爭的方法。

這樣的地方，或許可以稱爲菩薩培訓營或和平侍者訓練營。所謂的菩薩（bodhisattva），指的就是那些投入慈悲之道的人。這一座精神戰士的訓練營可以由曼德拉、德芮莎修女、達賴喇嘛等人擔任指揮官。然而它更可能是由那些來自世界各地、致力於解除他人痛苦的平凡男女所指揮的。

我們在這一座菩薩培訓營學習到的方法包括靜坐和施受法，也可能包括六度波羅密（paramitas）——和平侍者從事的六度活動。

波羅密的意思是到彼岸，六度活動好比筏一樣，帶我們渡過輪迴之河。六度波羅密有時候也叫做超越之行，因爲六度波羅密超越了傳統的道德與不道德的觀念，它訓練我們跨出狹隘的二元對立觀，讓我們的心保持彈性。

在這種培訓營裡接受訓練，最大的挑戰之一就是要避免落入道德觀念。由於受訓的人來自世界各地，所以關於什麼事合乎道德，什麼事不合乎道德，什麼事有幫助，什麼事沒幫助，大家的意見一定會有衝突。所以很快地我們就必須要求營內最覺醒的人帶領我們上幾堂幽默與彈性的課程！

創巴仁波切就曾經為學生設計過這樣的一套課程。首先他要我們背誦幾首歌。數個月以後，等到我們都背熟了，他卻把歌詞改掉了。他教我們祭典的儀軌，嚴格要求我們遵守，等到我們開始批評有人不遵守規定時，他就開始教我們用完全不同的程序進行相同的祭典。我們印出了精美的手冊，記載祭典的正確程序，然而這些精美的手冊才剛剛從印表機裡出爐，就已經過時了。經過幾年這樣的訓練，我們終於開始懂得放下執著。如果老師今天的指示是把所有的東西都放在右邊，我們就無懈可擊地把所有的東西都放在右邊。如果老師明天指示我們把所有的東西都放在左邊，我們就全心全意地把所有的東西都放在左邊。我們心中的那種「正確的方法只有一個」的執著便逐漸消失於雲霧中。

要訓練適應能力，捨棄僵硬的心，靜坐和施受法可以算是經得起考驗的好方法了。不過六度波羅密卻可以與之互補，使得修練變成了日常生活的活動。六度波羅密令我們日常生活的所作所為變成了一種學習和平的藝術。

六度波羅密和日常行為的不同在於，波羅密是建立在般若（智慧，prajna）之上的。般若是一種看待事物的方式，它可以消解我們的執著傾向，它也是一種自欺探測器，以免我們變成「正義之師」。

接受和平藝術訓練，並不意味我們從此就獲得了保證：因爲我們的意圖高尚，所以其他一切都不是問題了。事實上，這項訓練完全不保證有任何成果。我們要做的只是深入觀察喜悅、悲傷、歡笑、眼淚、希望、恐懼，觀察一切生滅的活動。我們發現眞正具有治療力量的就是感恩和溫柔。

這並不意味：「我沒什麼重要，但是如果我能改變世界，對別人會比較好。」和平訓練沒這麼複雜。我們並不是要拯救世界，而是要了解別人做事的方式，思考自己的行爲對別人的情感有什麼影響。

六度波羅密這種超越的行動中的前五種是佈施、持戒、忍辱、精進、禪定。前五種和最後的般若智慧是不能分開的。般若是要我們在行爲上不再追求安全感。我們因爲想保護自己的領域而產生了苦，然而般若這種智慧卻可以把這股巨大的痛苦斬斷。

對許多人而言，佈施、持戒、忍辱、精進這些字眼聽起來都是一些寓意嚴格的「應該」與「不應該」。它們可能會使我們聯想起校規或是道德宣言。可是這幾個波羅密的目的並不是要達到什麼標準。如果我們認爲六度是爲了要達到某種完美的標準，那麼還沒開始我們就會感到挫敗。比較正確的說法是，六度是一種探索之旅，而不是刻在石頭上的聖誡。

第一種波羅密「佈施」乃是學習給予的旅程。感覺自己有所欠缺或沒有價值的時候，我們就會囤積東西。我們非常擔心——擔心失去，擔心自己比現在更窮。這種吝惜的心態眞是悲哀極了。如果深深地看進自己的內心，我們會爲這種充滿著恐懼的執著與攫取而落淚。這份執著使我們承受了巨大的痛苦。我們總想控制人、事、物，結果卻招來怨恨，引來罪衍，而覺得自己是無望的。

然而，我們一旦能穿越這份因執取而導致的貧窮感，造成恐懼與侵略的原因就會消失。所以，「佈施」這種波羅密的基本概念就是要把視野擴大，我們帶給世界最大的助益就是不再總是爲自己設想。我們越是體驗到自身根本的富足，就越不會緊抓著什麼東西不放。

我們隨時都能體驗到自身根本的富足。關鍵就在放鬆：放鬆下來看天上的雲，看小鳥飛翔，聽電話鈴聲。我們可以如實地看著事物單純的本質。我們可以聞一聞四周的東西，品嚐一下食物，感覺一下自己的心情，也可以回憶過往。只要我們能安住在當下，而不說「這一點我同意」，「那一點我絕不同意」；只要我們能夠以直心對待萬事萬物，我們就會隨時隨地發現自己根本的富足。這份富足感不是我們的、他們的，而是人人皆可獲得的。這份富足感存在於雨滴之中，存在於血滴、頭痛和快樂之中，它就是萬物的本質。這份富足感就像陽光一樣，因爲陽光可以照耀每一個人而沒有任何分別之心；它又像鏡子一樣，因爲鏡子反映一切事物，不迎不拒。

「佈施」這個旅程就是要和這份富足感銜接：因爲我們非常珍惜它，所以任何東西阻礙了它，我們都願意捨棄。我們捨棄太陽眼鏡，捨棄大衣、圍巾，也捨棄僞裝。簡而言之，我們開放自己的心去感受萬事萬物。也就是在全然的富足中建立信心。在日常生活的層次上，這份信心就是待人處事的彈性與溫暖。

發菩薩願的時候，儀式中有一個程序就是要送師父一樣禮物。重點在於這樣禮物必須是珍貴的，難以割捨的。有一次我陪一位朋友選一樣要送給師父的禮物，結果足足花了一整天還是無法決定。每選一樣東西，他都覺得不捨。沒多久他就精疲力盡了。光是想到要失去自己最心愛的東西就夠他受的。後來有一位師父來訪，我和她談起這件事，她說我的朋友其實可以利用這次機會，對陷在渴欲中的自己或他人——無法放下的人——培養慈悲心。

佈施物質可以幫助他人。如果有人需要食物，而我們也有能力給，我們就給。如果有人需要棲身之處，需要書籍，需要治療，我們有能力給，我們就給。我們盡自己最大的力量，只要有人需要照顧，我們就照顧。然而，眞正的轉變卻是在放掉自己的執著，捨棄自認爲捨不掉的東西。外在的作爲往往可以改變自己的習慣，不再凡是有利的東西都留給自己。

我們如果能如此給予，就會把這份能力傳遞給別人。這就叫做無畏施（把無畏當禮物送給別人）。我們一旦觸及事物的單純與美好，了解自己並沒有如自己以爲的那樣陷在泥淖裡，就可以和別人分享這層解脫。這一趟旅程，人人可以同行。我們已經學會拆除遮陽罩，脫掉甲冑，無懼地拿掉面具；我們可以和他人分享這份能力。

除了無畏施，我們還可以行法佈施。我們可以盡我們的能力，教導別人靜坐。我們可以教別人行施受法，建議他們看書，聽錄音帶，告訴他們哪裡有演講和實修課程。我們可以提供別人一些方法，讓他們發現一些鼓舞他們的東西，使他們的視野擴大，不再執著。

要消除侵略性，就需要持戒——溫和而確實地持戒。沒有「持戒」這一項波羅密，我們得不到支持的力量。

我還記得《不逃避的智慧》出版之後，我帶領了一次閉關。許多人都是因爲這本書裡提出的慈悲觀才參加這次閉關的。第三天我們大家都在靜坐的時候，有一位女士居然站了起來，伸了伸懶腰，然後就躺在地板上休息。後來我問起這件事，她說：「因爲我覺得很累，爲了對自己仁慈一點，所以我就休息一下。」那時我才發現我必須談一談戒律如何能幫助我們擺脫情緒的宰制。

一九七二年，我第一次和創巴仁波切的學生一起靜坐。他已經很久不來北美了，那時他的「脫稿演出」——我們總是這麼形容他[1]——才剛開始發展。那一次靜坐，有一個人在屁股下面墊了三個圓坐墊，每隔五到十分鐘，坐墊一定垮下來一次，而每垮一次他就得重疊一下。還有一位學生，差不多每幾分鐘就跳起來跑到教室外面大哭。一小時的靜坐課，她可以哭上個五、六回。行禪的時候，學生們走路的方式也是什麼模樣都有。有一個學生總是先把膝蓋彎曲，然後又把身體挺直，就這樣一飄一飄地行禪。另外一位學生卻老是倒退著走路。那個場面非常可笑，也非常令人分心。不久，仁波切就開始制定禪堂的規則，情況才大幅改善。

我們要規範的並不是人的缺點或錯誤，而是逃避眞相的方式。戒律讓我們安住在當下，和當下這豐富的一刻銜接。

這裡所說的戒律之所以能免於嚴苛，主要是因爲有般若（智慧）的關係。這裡的戒律並不要求人不去享受快樂，或是不論如何都要克制自己。戒律這個旅程乃是要鼓勵我們放下。這是一個歸零的過程，讓我們能逆轉我們那痛苦的慣性模式。

1 譯註：創巴仁波切發展出一套因應花童世代叛逆風潮的傳法方式。他經常以遲到、酒醉等出人意料之外的演出來打破學生的執著。

於外在層次上，我們可以把持戒當成某種結構來看，譬如三十分鐘的靜坐課程或兩個小時的佛法課程。靜坐的方法可能是最好的例子了。我們以某種姿勢靜坐，然後盡可能對這種姿勢保持忠實。我們透過情緒的變化、記憶、影像、沉悶等等的現象，輕安地注意著自己的呼吸。這種簡單而重複再三的過程，就像是在邀約那基本的豐盈進入我們的生活。所以前人遵循靜坐的方法而修持，我們今天亦復如是。

我就在這個結構之內懷著慈悲心前進。所以在內心層次上，持戒就是回歸溫柔，回歸誠實，回歸放下。持戒就是在內心找到不緊不鬆的平衡點——找到不懶散也不僵硬的平衡點。

持戒能使我們放慢腳步，充分活在現在，好好生活而不混亂；持戒帶給我們勇氣，使我們更勇於跨進無依無恃的境界。

「忍辱」波羅密的力量可以化解憤怒之毒，不論在道途中遇見什麼東西，我們都去愛，去關懷。忍辱並不是一味地忍耐——堅忍，忍受。忍辱是不論碰到什麼情況都不立即反應，而是去咀嚼一下，聞一聞，看一看，放開心胸去認清眼前的情況。忍辱的反面就是侵略——叫啊跳地逼迫自己，想把所有的空間都塡滿。但是忍辱這個旅程卻是要放鬆，對眼前發生的事開放心胸，體驗個中的奧妙。

我有一個朋友，她的祖母是半個契洛基印地安人。她說小時候她祖母常常牽著她和弟弟的手去看動物。看動物的時候祖母時常說道：「安靜地坐著，你就會看到一些東西。如果你靜靜地不講話，就會聽到一些聲音。」她從未說過忍辱這個字眼，但是她學到的就是這個東西。

要學習忍辱，方法之一就是行施受法。有時我們會突然衝動起來，生活的速度會突然加快，或是覺得自己必須得到答案；如果有人對著我們咆哮，我們立刻感覺受辱，想要罵回去平衡一下自己。我們總想熄滅五毒。如果反其道而行，我們就可以和人類的根本焦慮連結，和人類基本的侵略性銜接，也就是爲眾生行施受法。我們可以送出空間感，使事情的速度慢下來。無論是站著或坐著我們都可以讓心中的空間出現，讓自己的慣性反應不再發生。這時我們的言行就會開始改變，因爲我們已經先給自己一些時間摸索、嘗試、觀察整個狀況。

如同其他的波羅密一樣，「精進」也有一份屬於自己旅程中的品質。修精進波羅密以後，你會發現有時候你做得到，有時候卻做不到。你會碰到一個問題，那就是如何才能和心靈啓示連接？如何才能和時時刻刻都存在的光、熱及喜悅銜接？精進並不是逼迫自己，不是什麼必須完成的計劃，也不是什麼要贏取的比賽。精進就像冬日下雪的早晨在山中小屋裡醒來，想要出外散步，但是知道自己必須先下床生火。你雖然很想賴在溫暖的被窩裡，不過你還是跳下床去開始生火，因爲你眼前那陽光燦爛的景緻比賴床更有吸引力。

我們越是和更大的視野銜接，就越能夠和高能量的喜悅連結。精進就是打開我們開悟的胃口。精進能使我們行動，給予，遇到什麼就歡喜對待什麼。我們總是趨樂避苦——如果我們知道自己這麼做會把地球搞得多不快樂，如果我們知道這麼做會斬斷自己和本慧的連結，而把自己弄得痛苦不堪，我們一定會像頭髮著火、巨蟒入懷一般，趕緊練習靜坐，而絕不會認爲我們還有時間，以後再練吧。

因爲有般若智慧，這些行動就變成了去除防衛心的方法。每一次的給予，每一次的持戒、忍辱、精進，都好像放下重擔一般。

「禪定」波羅密延續了這一段旅程。禪定波羅密乃是文明社會的基礎。這樣的社會絕不是奠基在輸贏得失之上的。

靜坐的時候，我們會跟一種沒有條件的東西——一種心境，一種基本的境界——連結。這個沒有條件的東西既不抓著什麼不放，也不排斥什麼。靜坐可能是唯一不在實相上增加任何東西的活動。任何事物都來去自如，沒有染著。靜坐這件事完全沒有暴力，沒有侵略性；它不塡滿內心的空間，反而讓我們可以和無條件的空性連結——這才是轉化的眞正基礎。你也許會說這等於是給我們一項不可能的任務。或許沒錯，但是從另一方面來看，我們越是和這不可能「坐在一起」，就越發現這不可能是可能的。

執著於自己的思想與記憶，就是執著於無法捕捉的東西。如果輕輕地覺知一下這些幽靈，然後任其消失，我們就會發現一個空間，發現喋喋不休的妄念之中的空檔，或是瞥見內心的晴空。此乃我們的天賦人權——天生具足的智慧，原始的富足和無邊的空性。所以我們要實踐的就是安住於當下，安住於每一刻的現在，須臾不離。不論有什麼意念、渴望、希望、恐懼把我們拉走了，我們都可以回歸當下這一刻。我們原本就在這裡。然後似乎有風把我們吹走了，接著又似乎把我們吹了回來。一念方歇一念未起之際，我們就安住於其中的空檔。我們要修練的就是回到當下這一刻那不變的本心。所有的慈悲以及所有的心靈啓示都源自於此。

第六種波羅密是般若智慧。智慧能使一切行爲變成黃金。佛法說，前五種波羅密可以提供我們一些軌則，智慧波羅密卻能貫穿全局。智慧使我們無家可歸，因爲我們無法執著於任何事物之上，所以我們才會眞正放鬆，不再戰鬥，不再進退維谷，也不再靠邊站。

有時候我們會發現自己很渴望以前的習慣。佈施的時候我們發現自己懷念執著。持戒的時候我們看到自己想要完全脫離現狀。忍辱的時候我們察覺自己渴望加速前進。精進的時候我們了解到自己的懶惰。禪定的時候我們意識到自己的散漫、不安，看到自己非常在意的執著心態。

沒有關係，我們就讓這份懷舊之情自然發生。我們知道每一個人都會這樣。這份懷舊之情自有他容身的地方，正如世上每一件事都有容身之處一樣。隨著時間的流逝，我們終會脫掉甲冑，跨進無依無恃的境界。

這就是菩薩行，就是和平侍者之行。這個世界需要這樣的人——菩薩政治家、菩薩警察、菩薩父母、菩薩公車司機；銀行和雜貨店也都需要有菩薩。社會的每一個角落都需要菩薩。爲了別人，爲了這個世界的未來，我們必須改變自己的心，改變自己的行爲。

第十七章 意見

如果懷著侵犯之心而堅持己見，
即使我們的主張非常正確，
其實都只是
在替這個地球增加侵略性罷了；
這個地球將因此而更加暴戾、痛苦。
培養不侵犯的心，就是培養和平。

平日裡如果沒有時間靜坐，最好的修行方法就是注意自己對事情的意見。靜坐的技巧也包括注意自己的意念。那時我們只是純然地意識到自己在思考，既不作評斷，也不說那些念頭是對或錯。看見自己在思考，但是不對它懷抱希望或恐懼，不讚許，也不責怪，這就是在修練不侵犯自己，也是在修練智慧。可是眞正靜坐的時候，實際的情況往往不是這麼理想的。有時候，靜坐一小時即使只有那麼幾分之一秒在思考，我們還是會責怪或讚許自己。我們總認爲這個意念好，那個意念不好。總之，除了替意念貼上「念」的標籤之外，我們還有許多別的念頭。

但是，練習靜坐一段時日之後，由於我們都是與自己獨處，除了覺察自己的呼吸，注意自己的意念之外，不做其他的事，所以我們的心會越來越安靜。這時我們會開始注意到更多的事情。其實不論我們是不是認爲自己注意到更多的事情，我們都已經注意到了。靜坐的時候，我們心裡會有很大的空間，所以不論冒出什麼東西，我們都會看得愈來愈清晰而鮮明。我們會發現自己隨時都在翻攪出一大堆的意念，但是其中又有一些空檔。另外我們還會注意到自己對這一切所產生的態度。這時我們就開始調準到自己的慣性模式，看見自己的眞相和自己的造作，看見自己如何以意見和觀念來維繫自我。

沒有打坐的時候，也可以像打坐時一樣注意自己對事情的意見。這種修練很有幫助，因爲我們總是有許多意見，而且都把它們當成了眞理。不過事實上這些意見並不是眞理，只是我們的意見罷了。我們背後還有許多情緒在支撐著這些意見。這些意見往往是充滿著評斷和批判的；有時候則是在說某件事有多好，多美妙。不論是什麼事，我們都有許多意見。

然而意見只是意見罷了，不多也不少。我們可以注意這些意見，替它們貼上標籤，如同我們稱意念爲「念」一般。透過這種簡單的修練，我們會開始認識無我這個概念。那些意見其實就是我們的自我，我們總認爲那些意見是堅實的、眞實的，而且它們就是絕對眞理。但是，我們只要開始懷疑自己的意見是否可靠，開始懷疑自己的意見是否就是絕對眞理，即便只是懷疑那麼一下子，都有可能發現無我。我們不必取消這些意見，也不必責怪自己有這些意見。我們要認清的是自己對自己說了什麼，這些意見之中有多少是我們個人對眞相的片面看法，而別人也許贊同，也許並不贊同這樣的看法。

我們可以放掉這些意見，回到當下的經驗。我們可以調回來看一看眼前那個人的臉，喝一口我們的咖啡，刷我們的牙，或是做任何事。只要我們能看清楚自己的意見只是意見，甚至能放掉它們，返回到當下的經驗，我們就會發現自己已經置身於全新的世界，並且有了新的眼睛和新的耳朵。

我說注意自己的意見，指的是用這個簡單的方法去注意自己的思想和行爲以及從其中所產生的能量。這樣我們就會發現自己有多麼固執，而且總想以自己的意見來駁倒別人的意見。投入社會運動特別容易堅持己見。

以臭氧層的污染爲例好了。我們可以理直氣壯地說臭氧層變薄是一項科學事實；這並不是一個抽象的意見。但是如果我們認爲要不再破壞臭氧層，就必須堅持自己的意見，堅持反對那些我們認爲應該責怪的人，那麼任何事都可能無法改善。否定只會造成更多的否定。換句話說，不論我們的主張多麼振振有詞，多麼高貴，只要侵犯了壓迫者，侵犯了那些造成這種危險的人，都對問題沒有任何幫助。侵犯永遠無法改變任何事。

你也許會說不侵犯一樣也無法改變任何事。然而，不侵犯是對地球極爲有益的態度，飢餓、人與人之間殘酷的對待，根本的原因都是侵犯。如果懷著侵犯之心而堅持己見，即使我們的主張非常正確，其實都只是在替這個地球增加侵略性罷了；這個地球將因此而更加暴戾、痛苦。培養不侵犯的心，就是培養和平。要阻止戰爭，就必須不再仇視敵人。要想阻止戰爭，就必須明白自己和他人的意見都是對現實的看法之一，所以不該用自己的意見去否定別人的意見。

這其中的關鍵就在看清楚意見和明察之智的區別。智慧就是看到意念只是意念罷了，而不加上對或錯的意見。在社會行爲上，我們能夠很清楚地看到政府、公司或個人的行爲污染了河川，傷害了動物。我們可以拍照，紀錄。我們看得出來其中的痛苦是眞實的。之所以能看到眞相，完全是因爲我們有般若智慧，可以不受善惡、希望、恐懼等等意見的影響。

要分辨何者是意見，何者是事實，端賴我們自己。只有清楚地明辨兩者，我們才有辦法明智地認清事實。我們看得越清楚，言行就越有力。我們的言行越不受意見的蔽障，就越能和人溝通——不但能夠和污染河川的人溝通，也能夠和那些可能對他們施加壓力的人溝通。

正如佛陀所說的，看到痛苦就是痛苦是非常重要的。這句話的意思並不是要我們漠視或保持緘默。其實只要我們不堅持自己的意見，不堅持對方是「敵人」，就能夠成就某些事情。如果能不爲自己的憤怒所動，就更能認清痛苦的起因。苦的止息就從這裡開始。

這個過程需要極大的耐心。最要緊的是，我們必須記住，如果我們努力以不侵犯的方式追求改革，即使我們關注的議題還沒有解決，我們仍然是在促進這個世界的和平。我們必須全力以赴，同時又不抱持任何希望。唐望（Don Juan）曾經建議卡洛斯．卡斯塔尼達（Carlos Castaneda），不管做什麼事，都要當它是全世界最重要的一件事，但同時又知道這件事根本無關緊要。這種態度使我們能夠欣賞更多的事物，而不至於疲於奔命，因爲我們是全心全意在做這件事，而且我們關心它。然而從另一方面來看，每天都是嶄新的一天；我們不必過於擔憂未來。我們是朝著某個特定的方向在前進的，而這個方向乃是要減少人間的痛苦，但是我們必須明白，這份努力之中有一部分就是要保持心智的清明，以及情感與理智的開放度。

如果情況使我們想要眼不見爲淨，想要關上我們的耳朵，或者想與人爲敵，這時候，社會運動會是最上乘的修行。這時，要自己的言行沒有侵略性是很大的挑戰。這種修行就是要開始注意自己的意見。

不論是我們心目中的壓迫者還是被壓迫者，這個世界上的每一個人都具有覺醒的佛性。我們都需要勇氣和支持才能覺察自己的思、言、行。請注意自己的意見。如果你發現自己的意見已經開始具有侵略性，請你留意。如果你發現自己已經開始沒有侵略性了，也請你留意。培養不論斷是非的心，你就會發現一種清新的存在狀態。苦最終的止息便源自於此。最後，請永遠不要放棄自己。你不放棄自己，就不會放棄別人。全心全意地修行，喚醒自己明察的智慧。可是你要持之以恆，循序漸進地修。如果我們以這種方式生活，我們將裨益這個地球。

第十八章

口耳相傳的神聖開示

這尷尬的、曖昧不明的一刻，
就是我們的慧心。
在日常生活混亂的不確定性中，
便存在著我們的慧心。

深夜裡或外出散步時，我們可能會跟朋友討論到我們的生活方式、行爲舉止或生活中重要的事項。如果我們正在研究佛法，練習靜坐，我們可能會談到無我、空，談到佈施、忍辱、愛和慈悲等等。我們或許剛看過什麼書，聽聞過什麼法，而顚覆了我們平日看事情的習慣。我們覺得自己突然和一個早就知道的眞理重新產生了連結，而如果我們能懂得更多，也許我們的生活會更豐富，愉悅。我們告訴朋友我們很想卸下自己背負已久的重擔。我們突然發現那是可能的，因而覺得相當振奮。我們告訴朋友自己所獲得的心靈啓示，而這一份啓示又是如何開展了我們的生命。我們說：「同樣的事情，以前總是令我感到消沉，現在卻覺得很有興緻。我們確實是可以喜歡自己的職業，喜歡搭地鐵、鏟雪、付帳單、洗碗等等的。」

不過，你也許已經注意到，我們的觀念及友善的意圖與現實之間往往存在著惱人的或令人沮喪的出入。眞實的生活有許多繁瑣的細節必須處理，我們時常會面臨挑戰。

有一天下午我在舊金山搭公車時讀到一篇非常感人的文章，文章中探討的是人類的痛苦以及如何助人的問題。當我讀到有關佈施及擴大自己幫助別人的那一段時，感覺非常強烈，於是禁不住哭了起來，車裡的人眼睜睜地看著我淚流滿面。我當時心中充滿了對每一個人的溫柔之情，並且暗自許諾要利益眾生。可是一回到家就接到一通電話，問我當天晚上能不能幫她帶一下靜坐的課程。我已經工作了一整天，覺得相當疲倦了，於是就告訴她說：「很抱歉，我要休息。」然後就掛斷電話了。

這並不是選擇得對或錯的問題，而是我們經常碰到心靈啓示和現況衝突的兩難之局。我們的心靈啓示和疲倦、飢餓、壓力、恐懼、消沉、憤怒等等生活中的經驗之間時常有一份緊張感，令人不知如何是好。

十一世紀印度瑜伽宗師那洛巴有一天在街上遇見一個醜婆娘。這個醜婆娘顯然知道他是印度最偉大的佛教學者，於是就質問他手上抱的那本大書是否每一個字都了解了。他回答說是的，她就笑了起來，開心得手舞足蹈。接著她又問他是否了解其中所說的佛法的涵意。他說了解。這一回她居然勃然大怒，斥責他是騙子，罵他虛僞。這個遭遇改變了他的一生，他知道醜婆娘一眼看穿了他的底細：他雖然可以把書中的佛法解說得天花亂墜，但其實他根本不懂其中的意涵。

我們或多或少都會發現自己也是如此。我們可以欺騙自己於一時而聲稱自己已經了解了靜坐和佛法，然而我們遲早得面對眞相。摯愛的人離我們而去，孩子在超市裡鬧脾氣給你看，在辦公室裡遭到同事的羞辱等等，碰到這類的事，我們平常學到的東西就完全使不上勁了。如果老闆走進我們的辦公室對我們臭罵一頓，你會如何處理心中的這份怨恨感？我們平常渴望自己對人開放、慈悲，不傷害別人，也不傷害自己，現在你要如何將這些東西和你的挫敗感及羞辱感互相調和？你打坐總是一坐下來就睡著，但是你平常一直很希望自己靜坐時能保持清醒，那麼你要如何調和這兩者？你坐下來打坐，心裡卻一直渴望著剛才在路上見到的一個人或某樣東西，這時你該怎麼辦？靜坐的時候你會覺得很無聊，而且腰酸腿麻，所以你動個不停，那時你該怎麼辦？那時候我們並不安寧，清醒，無我，而是變得更加焦躁，易怒，固執。

這都是發現自我的有趣時刻。對於修行人而言，這些狀況都是非常重要的。

那洛巴後來決心尋訪明師，了解文字背後的意義。但是他卻一直落入這份衝突中。在知識的層面，他完全理解慈悲，然而路上遇見了癩痢狗，他卻轉頭不想看。他知道所謂的不執著、不評斷是什麼意思，但是師父要他做一件事，他卻因爲不認同這件事而拒絕了。

我們會不斷地發現自己落入這樣的困境，這時我們就應該設法安住在那個狀態中。那種狀態是非常令人不舒服而困窘的，像我們這樣的人也時常會放棄。我們只有在得到心靈啓示、覺得自在或路子走對的時候，才會喜歡靜坐，肯定佛法。但是，如果我們感覺修行是一種負擔，覺得自己選擇錯誤而失望的時候，我們又會如何？我們遇見的人並不全是心智清明的。事實上他們可能是十分困惑無明的人。我們生活的地方也可能不是那麼理想的，就連師父都可能有問題。

靜坐和生活中出現的衝突就是我們要學習的事物。這個衝突點我們既無法接受，也逃脫不了。我們陷在岩石與硬地之間，卡在高超的理念和眼前活生生的事實之間——然而這的確是個會開花結果的地方。

我們一旦陷在困境中，我們的心就會變得十分狹小。我們會覺得自己很悲慘，像個受害者、可憐蟲或是絕望的病人。然而信不信由你，就在這種惱人、困惑而又尷尬的時刻，我們的心還是可以變得很寬闊。我們可以不認爲這就代表自己很弱，別人很強，自己很笨，別人很壞。我們不去抱怨自己和別人。我們可以純然安住在那種狀態中，既不想知道該怎麼辦，也不防衛，只是和當時那原始而溫柔的能量安然共處。就在這種時刻，我們開始學習到觀念和文字背後的眞實意涵。

我們已經太習慣逃避不舒服了，而且我們永遠都可以被預料到。不喜歡一件事，我們就怪罪別人或責難自己。處在無所依恃的境地，我們偏偏想覓得安全感與確定感。

所以下一次再感覺無依無恃，不要再認爲那是障礙，要認爲那是好運當頭。無依無恃會激勵我們，我們的心會因此而柔軟。這樣，只要經過一段時日，我們就會眞的成長。創巴仁波切說，最好的咒語就是：嗡——成長——娑婆訶。

我們隨時都有改變的機會。我們可以執著於安全，也可以像初生嬰兒一般，赤裸裸地躍入光亮的人生，將自己暴露在這個世界中。

也許這些話聽起來很不舒服，或者很恐怖，但是從另一方面來看卻是一個大好的機會，讓我們了解這個俗世就是我們所擁有的一切，我們可以用全新的眼光來看待它，然後從「成見」這種長久的昏睡狀態中覺醒過來。

中國古代的一位法師說過，眞理既不是這樣，也不是那樣。眞理如同狗想喝沸油。牠走不開，因爲這油實在太香了，但是又不能舔，因爲太燙了。

所以我們要如何看待這個困境呢？不論如何，到最後總會有人鼓勵我們探索這個未知的領域，探索「接下來會如何」的解答。

在這困窘的一刻，我們才能體悟當下。在這尷尬的而曖昧不明的一刻，我們的慧心就出現了。在日常生活混亂的不確定性中，便存在著我們的慧心。

我們需要一些鼓勵來實驗與嘗試這樣的修行。這是相當大膽的舉動，我們或許會覺得自己能力不足。但其實這就是重點所在。那種有所欠缺的、不安的感覺就是我們的慧心。我們可以做個實驗，絕對沒有什麼好損失的。我們可以實驗看看自己能不能不被對與錯弄得團團轉，看看自己能不能學著放鬆，安住在無依無恃的境界中。

小時候我有一本圖畫書，叫做《聖人的一生》（*Lives of the Saints*），裡面的故事所說的聖人都是一輩子從來不生氣、從來不對人存有壞念頭、也從沒打過蒼蠅的人。我後來發現這本書根本無法引導我們過人類應有的善良生活。對我而言，《密勒日巴的一生》（*The Life oF Milarepa*）反而比較具有啓發性。這幾年，這本書我一讀再讀，每次覺得自己停滯而無法前進的時候，我都能從這本書中得到啓發。起初，密勒日巴殺了人。他和多數人一樣，很想補償自己的罪衍。追求解脫的過程中，他也和多數人一樣時常失敗。他說謊，偷東西。他曾經憂愁到想自殺，也曾經非常懷念往日的美好時光。他和大部分的人一樣，一生中一直有一個人在考驗他，企圖掀開他的假面目。甚至幾乎每一個人都認爲他是西藏最神聖的人了，他的老姨媽還是常常打他罵他。他時常在想怎麼對治這窘迫不堪的困境。

我們應該感謝有那麼多老師都曾經堅定不移地面對過這類的困境。他們一再受到考驗，一再失敗，可是仍然努力探索如何安住在當下，不尋求什麼依恃。他們一輩子修持又修持，爲的就是當自己的觀念和理想變得毫無意義的時候，還是不放棄自己，不逃避。他們透過自己的經驗把勇氣傳遞給我們，使我們遇到巨大的困境時也能夠不逃脫，並且能如實地看著它，而不是以眼角餘光偷偷地瞥一下就轉移視線了。他們教導我們如何徹底體驗這些困境，並將其視爲無任何屬性的平常之事。

當年那洛巴發願探索道途中一切事物的奧義，他的師父帝洛巴（Tilopa）給了他以上的開示。但願我們和他一樣勇敢，也能試著去探索個中奧義。

第十九章

對治混亂的三種方法

然而我們的方法卻是
要消解二元對立的掙扎，
去除我們總想對抗內在與
外在處境的慣性傾向。
這些方法要我們朝著困難迎上前去，
而不是退縮。
不過我們時常得不到這樣的鼓舞。

我們修行爲的是解除重擔——解除渴欲、侵略心、無明、恐懼所造成的狹隘觀點。和我們一起生活的人往往變成了我們的負擔，生活中的一些狀況，尤其是我們自己的個性，也變成了我們的負擔。

透過修行，我們了解自己實在沒必要去遮蔽那隨時都存在於當下的喜悅與開放。我們可以很清醒地意識到自己的善——那是我們天賦的權利。能夠做到這一點，憂鬱、煩惱、不悅就不會變成我們的負擔。這時候我們會覺得生命如同天空、海洋一般寬廣。我們有的是空間可以放鬆，呼吸，泅泳——泅泳到大海深處，不再拿海岸當作寄託。

這份重擔感要如何對治？這個橫阻在我們該有的幸福和我們之間的東西，要如何對治？如何才能放鬆下來和根本的喜悅連結？

時代越來越艱難；覺醒已經不再是什麼奢侈或理想，而是關鍵所在了。這個世界充斥著沮喪、氣餒、憤怒，我們不必再添加這類東西了。如何神智健全地面對這艱困的時代才是根本的問題。地球好像在懇求我們和喜悅連結，追尋自己內在的本質。要裨益他人，這可能是最好的方法了。

有三種方法可以直接面對艱難的處境，並且把艱難的處境當作覺醒與喜悅之道，其中一種是不對抗，一種是以毒爲藥，還有一種是以煩惱爲菩提（覺醒的智慧）。這是對治生活中的混亂、艱困與不想面對事實的三種方法。

第一種方法不對抗，概略地說就是止念與內觀。靜坐的時候，不論心裡冒出什麼東西，我們都直接正視，稱其爲「念」，然後再回到當下純然的呼吸之上。我們如此這般一次又一次地回歸純然的、不存概念的覺察。靜坐就是不再和自己對抗，不再和環境、自己的情感、情緒對抗。這個方法，我們在靜坐或日常生活中都可以練習。不論心中冒出什麼東西，我們都用不評斷的態度看著它們。

這個方法可以對治那些僞裝成各種型態的不悅。不論冒出的是什麼東西，我們都要一次又一次地練習正視它，觀察它原本的模樣，不去責備它，不去打壓它，也不轉移目光。讓心中的劇情自然進展。我們內心最深的本質是毫不偏頗的。現象出現了又消失了，來了又走了：如此這般而已。

這就是對治痛苦——全球的痛苦，本地的痛苦，任何一種痛苦——的基本方法。不論發生什麼事，都正視它的眞面目，而不把它當作敵人看待。這個方法能夠幫助我們牢記，修行並不是爲了成就什麼——不是爲了爭個輸贏——而是不再對抗，放鬆下來。打坐爲的就是這個。這樣的態度要終生貫徹到底。

這很像是在邀請那些自己害怕的東西，要它們在我們身邊多駐留一會兒似的。密勒日巴對跑到他洞窟裡的妖魔唱道：「你這個妖怪今天來的眞好，你明天一定還要再來。我們可以常常聊一聊。」

西藏瑜伽行者瑪奇．拉卓（Machig Labdron）修的就是這個法門。她說，她們的傳統並不驅魔，而是以慈悲相待。她們師徒口耳相傳的一句話就是：「接近自己厭惡的東西，幫助你自認無法幫助的人，到你害怕的地方去修行。」這個法門就是從靜坐、不和自己的心對抗而開始進行的。

處理混亂的第二種方法乃是以毒爲藥。我們可以把困境——也就是毒——當作促成覺醒的燃料。大體而言，這個法門可以從施受法開始。

發生麻煩的事情——衝突、卑劣之事，或是令人覺得厭惡、尷尬、痛苦之事，不要立刻想消除，而是反過來把它吸進來。三毒包括貪（渴欲、上癮）、瞋、癡（否認或封閉自己的傾向）。我們通常都認爲這些毒不好，必須避免。但是，我們在這裡不採取這種態度。在這裡，三毒反而是慈悲與開放的種子。痛苦生起的時候，行施受法就是讓狀況自然進行，然後把它吸進來——不但吸進自己的憤怒、不悅、孤獨，也吸進此時此刻他人的憤怒、不悅或孤獨。

我們爲每一個人吸進這些毒素。這些毒素指的不只是我們自己的不幸、罪衍、污點或羞辱。這些毒素根本就是人類遭遇的一部分，是我們和一切眾生的親屬關係。我們需要這些材料才能設身處地爲他人著想。我們不把它們推開，也不逃避，而是把它們吸進來，與其完全連結。我們要如此觀想，並且懷著宏願希望每一個人都能免於痛苦。接著我們再呼氣，釋放出廣大的空間感，釋放出暢通與清新感。我們要如此觀想，並懷著願心希望每一個人都能夠輕鬆下來，體驗自己內在的本心。

從小時候開始，大人就一直告訴我們說我們有缺點，這個世界不好，有很多事都不對勁：一切都不完美、太粗糙、太苦澀、太吵、太軟弱、太尖銳、太乏味。我們因此而養成了一種總想讓事情變得更好的習慣，因爲我們總覺得此刻有些事不對勁，有些事是錯誤的，有問題的。然而我們的方法卻是要消解二元對立的掙扎，去除我們總想對抗內在與外在處境的慣性傾向。這些方法要我們朝著困難迎上前去，而不是退縮。不過我們時常得不到這樣的鼓舞。

不論發生了什麼事，事情的本身不但有助於我們修持，而且根本就是我們的道途。不論發生了什麼事，我們都可以當作是促成覺醒的工具。所有發生的事——矛盾的情感、思想或外在的狀況——都是在提醒我們已經進入昏睡狀態，而我們是可以毫無保留地徹底覺醒的。

所以，第二種方法就是以毒為藥，利用困境喚醒自己去關心同樣在受苦的他人。有一句話說：「當世界充滿邪惡之事的時候，所有的不幸、困苦都可以當成開悟之道。」上述的觀念就是從這裡產生的。

第三種對治混亂的方法就是把所有發生的事都當作覺醒的能量。我們可以把自己看成已經覺醒的人；把這個世界看成聖境。將所有生起的事物都視為智慧的能量，在傳統上所採用的是天葬場的意象。西藏的天葬場就是我們西方人的墓園，卻沒有我們的墓園那麼優雅漂亮。在我們的墓園裡，遺體是埋在整齊亮麗的草坪底下的，墓碑還刻有天使、碑文等等。在西藏，地表非常的冷，所以人死後遺體先切成幾大塊，然後抬到天葬場，等待兀鷹來吃。我相信天葬場的氣味並不好聞，看到的話也是讓人心驚膽顫的，因爲地上到處都是眼珠子、頭髮、骨頭或人體的各種臟器。我曾經在一本描寫西藏的書裡看到一張照片，照片中有幾個人正要把屍體抬到天葬場，而天葬場上已經有許多——差不多有兩歲小孩兒那麼高——兀鷹圍成一圈在等著吃屍體。

我們西方世界裡最類似天葬場的也許不是墓園，而是醫院的急診室。我們可以把這個意象當作修行的基礎，因爲它是奠基在人道運作的眞相之上的。急診室裡有各種氣味、腥羶的鮮血和各種突發的狀況，卻又同時充滿著智慧、滋養我們的健康食品和一些純淨而有益的東西。

我們總是習慣性地想逃避衝突，讓自己變得更好一些，把事情修飾得更美一點。我們總想證明痛苦是一種錯誤，以爲事情都做對了就不會再有痛苦了。但是如果把所有生起的現象都視爲覺醒的能量，那麼藉著這種觀點就能逆轉我們的習性，鼓舞我們去觀察自己生活中的天葬場，以其作爲修行的基礎。

我們在日常生活中時常感到驚惶失措，和人家起爭執的時候，我們會氣得心跳不已，美好的計畫落空時，我們就感到胃部在翻攪。我們要如何走進那些劇情中？

希望或恐懼這類的魔障我們要如何處治？如何才能不再和自己對抗？瑪奇・拉卓建議我們到自己害怕的地方去。但是我們要怎麼做才對？

我們要學習不讓自己「好的一面」和「壞的一面」分裂，不讓「純潔的一面」和「不潔的一面」對立。我們最根本的掙扎就在於我們總是想對治自己的不妥感、罪惡感，對抗那種以自己爲恥的感覺。但是這些都是我們必須善待的東西。重點在於我們可以消除「我們」與「他們」、「這個」和「那個」、「此處」與「彼處」的二元對立，只要我們能迎向那些被我們視爲困難而想排除的東西。

提到日常生活中的經驗，這些方法鼓勵我們不要爲自己而感到尷尬。沒有什麼事是足以令人尷尬的。這很像各國特有的食物一樣。我們大可驕傲地展示自己的猶太 matzo balls[1]，印度咖哩，非洲的美式豬腸，美國中部的漢堡、炸雞。我們有太多東西可以自豪了。混亂是我們家園的一部分；我們不需要尋找更高、更純粹的東西了，我們要面對的就是這些眞實的現象。

我們生活的世界，我們心目中的自己——這些都是我們修行的基礎。這個被稱爲人生的天葬場就是智慧的顯化。這份智慧既是自由的基礎，也是混亂的基礎——

每一個當下我們都在選擇。我們到底該往哪一條路走？該如何面對我們存在中的那些原料？

不對抗，以毒爲藥，把所有生起的現象都視爲智慧的示現——這就是三種處理混亂的實際方法。首先，我們可以學習讓劇情自然發展，放慢速度，安住於當下，放下所有的評斷、成見，完全不對抗。第二，我們可以換一種態度來面對痛苦，我們不把痛苦推開，而是把它吸進來，同時希望每一個人都不再受苦，每個人心裡都得到平安。我們可以把痛苦轉化成喜悅。

第三，我們可以承認痛苦的存在，黑暗的存在。內在的混亂，外在的混亂——這些都是基本的能量，智慧的幻化。我們可能把自己的處境看成天堂，也可能視爲地獄，這完全取決於我們所採取的觀點是什麼。

我們有沒有辦法放鬆下來，開心一點？每天早上醒過來，就把這一天奉獻出來

1 譯註：踰越節食用的不發酵麵球。

致力於學習這一點。我們可以培養幽默感，練習放鬆。每一次靜坐都可以當作是在練習自在，培養幽默感，放鬆下來。誠如一個學生所說的：「降低標準，輕鬆面對自己現有的一切。」

第二十章

沒有選擇的餘地

如果不能放下一切，
我們就無法完全體驗這個世界。
「三昧耶誓」意味著
不保留任何東西，
不留退路，不另覓他途，
不認為以後還有足夠的時間
去做什麼事。

佛法是針對沒有時間好浪費的人而設計的。不論我們自覺或不自覺，這裡所指的當然包括我們每一個人。從佛法的觀點來看，自認以後還有很多時間可以處理某件事，其實是最大的迷思，最大的障礙，最劇烈的毒。我們總是一直在逃避自己的所作所爲；這種根深柢固的傾向遮蔽了我們的知覺與思考。如果我們知道自己今天晚上就要失明，我們一定會依依不捨地眞正欣賞一下每一根青草、每一片雲、每一粒塵埃、每一道彩虹、每一滴雨珠。如果我們知道我們就要失聰了，我們一定會很珍惜自己現在聽見的每一個聲音。金剛乘的教誨就是用方法驚嚇我們，讓我們警覺自己時間所剩不多，生而爲人是多麼珍貴的事。

金剛乘有一種東西叫做三昧耶誓（samaya bond），如果依循三昧耶誓而修持，那麼學生所有的經驗都是道。在道途中的某一個階段，學生經歷了心智上種種的探索之後，會覺得自己已經準備好跟老師進入三昧耶誓的關係。只要學生完全接受老師，相信老師，老師也接受學生，他們就可以進入所謂的三昧耶誓這種無條件的關係。從此以後，無論學生多麼困惑不明，老師都不可以放棄學生；學生無論如何都不可以離開老師。

師徒相互結合，就像是爲了達到解脫而組裝在一起的人。三昧耶誓又稱爲神聖的誓約或神聖的承諾。不過裡面並沒有什麼神聖不可侵犯的東西，而只是一項追求健全神智——無法摧毀的健全神智——的約定。三昧耶誓如同與實相的婚約，與現象世界的婚約。不過這個婚約是個騙局，又有一點像健忘症，我們以爲嫁給這個對象是出於自己的選擇，但是我們不知道自己早就嫁給他了。

三昧耶誓之所以是個騙局，是因爲我們一向都以爲要不要追求健全的神智，自己是有選擇權的，但是我們並不知道其實我們從來就沒有選擇。這是個慈悲的騙局，爲的是幫助我們了解自己根本沒有出口。除了當下之外，沒有什麼比較美好的時光了；除了我們現在的意識狀態之外，沒有什麼比較高的意識狀態了。這個騙局是金剛乘的法師閒來無事爲了自己高興而設計出來的方法：「我們如何才能騙一騙這些疑惑不馴的人，讓他們明白他們其實早已開悟——他們根本沒有選擇？」

從三昧耶誓的觀點來看，我們可以說，就因爲我們老是在另覓他途，所以才無法了解自己其實已經置身聖境。另覓他途——更好看的風景、更好聽的聲音、更好的心——使我們不了解生活就是神聖的道場，我們可以在其中自豪地昂首挺立。我們有一種根深柢固的傾向，總是像隻蟲子一樣想扭出生活道場之外。我們好像針尖上的甲蟲，很努力地扭著身體，想掙脫針尖那個點。

金剛乘提出了各種的三昧耶誓，都是爲了讓我們了解自己已經身在實相中。這種種的三昧耶誓皆是設計出來的騙局，爲的是讓我們了解眼前的狀況根本沒有選擇。縱然我們全身每一個部分都想開溜，我們還是離不開自己的身體。要進入聖境已經沒有別的路了，我們不能再認爲我們可以逃到別的地方定居下來。我們只能放鬆——不論是處在疲勞、消化不良、失眠、焦慮或是歡愉等等的狀況，我們只有放鬆一途了。

最重要的三昧耶誓就是身、口、意的三昧耶誓。第一種繫乎身、繫乎色相、繫乎眼中所見的一切——目不轉睛地看著眼睛所見到的東西。

據說身、口、意三昧耶誓如同河水一般不停地流著。但是我們平常的經驗卻不是這樣的。我們的知覺一旦變得鮮活，就會興奮起來。世界一直都在展示著自己，不斷地對我們招手，眨眼，可是我們一向只注意自己，所以什麼也看不到。但是如果我們目不轉睛地看著它，整個世界就會變得極爲鮮活，卻又是透明而沒有實質性的。我們說的可不是什麼遠在天邊的東西，而是近在眼前的事物：看著近在眼前的那個人，看看他的頭髮是豎起來的，還是垂下去的，是髒的，還是乾淨的，是梳理整齊的，還是亂成一團的，再看看樹上小鳥黑色的翅膀和尖尖的喙。我們看到的東西可以把我們從痛苦的輪迴中拉出來。

一旦專注於眼前所見的一切，我們的經驗就會變得鮮活而透明。這時我們就無法不領會其中的信息了。而且這個信息還是沒有經過詮釋的信息。事物本身會說話。紅色坐墊並不一定代表激情，小老鼠跑來跑去只是小老鼠跑來跑去罷了。

聲音也是一樣。從早上把我們吵醒的鬧鐘聲到晚上先生的打鼾聲，我們聽到的每一個音聲或每一個平常的聲響，都只是一種聲音罷了。我們都知道什麼樣的聲音會驚嚇到我們，可是你在筆記本上寫字時又會發出什麼聲音？翻書的時候發出的是什麼聲音？你自己的嗓音又如何？聽到自己的聲音會覺得很有趣，因爲聽起來不像是自己的。我們可以注意聽自己所說的話，看看這些話如何進入外在的氛圍中，和人產生交流。這種做法有一股力量，能夠把我們從輪迴的死局中拉出來。即使是獨處時自己的哈欠聲和屁聲，也能傳達一些訊息。所以，不論什麼聲音——小鳥的吱吱叫，刮東西的聲音，嘀嘀咕咕的怨言，嚼東西的聲音，喝水的聲音——都能把我們喚醒。三昧耶誓指的就是，只要我們不再逃避自己的經驗——只要我們不再認爲還有更好聽、更能帶來啓示或比較不惱人的聲音——我們所聽到的聲音就會變得非常清晰而透明。

心也是一樣。在修行的過程中，我們發現自己的意念不會因此而消失，反而會變得更清楚，更沒有實質性。在心這個部分我們之所以會破壞三昧耶誓，是因爲我們總想把事情分出對、錯，總認爲自己還有其他的選擇，而無法安住在不企圖解決什麼的本然狀態。我們可以說，就心的層面而言，一旦破壞了三昧耶誓，我們就會感覺老是有問題必須解決，總覺得有問題或找到了解答。這種情形可以讓你明白守住三昧耶誓有多麼困難。

傳統認爲守三昧耶誓就如同擦拭鏡子一樣：才剛剛擦亮，立刻又沾上了灰塵。三昧耶誓是純粹經驗性的東西，稍有分心，即刻脫離。然而，只要回歸當下這一刻，就能立刻彌補回來。

創巴仁波切在《大手印精要》（*Sadhana of Mahamudra*）中對身、口、意三昧耶誓有很美妙的描述：「肉眼所見的一切色相，從空性來看顯然是失眞的，可是色相仍然健在。」他說，這就是我們上師的化現。「耳中所聞的一切都是空性的回聲，可是卻又那麼眞實。」這些極爲平常的聲響都是我們的上師所發出的音聲。我們所有的意念或記憶，「不論好壞、快樂或悲傷，」都「像小鳥在空中飛翔的形跡一樣，幻化於空性中。」這些不斷生起的意念，就是我們上師的心。我們從其中開始認識到一個事實，那就是，我們的上師其實和我們的經驗是沒有分別的；我們領悟到除了自己的經驗之外別無選擇。我們的經驗就是唯一的經驗，就是最究竟的上師。

有一句名言說，修行金剛乘必須時時戒愼恐懼，但是又要保持徹底的清醒，這種狀態對我們而言實在太陌生了，我們會爲之膽怯。以前我曾經苦練過一種法門，每次總練上幾個小時，可是仍然定不下心來。於是我告訴仁波切說，我對任何事情都感到不舒服，連看到灰塵都感到煩躁。仁波切告訴我，那是因爲我們修行的法門要求我們保持清醒，而我們一時還不習慣。

從三昧耶誓的角度來看，所謂的承諾指的是完全投入。完全投入於覺醒，投入於自己的經驗，投入自己與實相的那份無條件的關係。人們總是說他們希望自己能無條件地愛人，也能無條件地被愛。我們如果能擁有一份無條件的關係，一定會非常欣慰，不過前提是必須符合我們的條件才行。凡是已婚或擁有長期關係的人都知道這份關係會遭遇多大的挑戰。這些挑戰就在於能否妥協，能否放棄自己做事的方式，或是在關係緊張時能夠不破裂。基本上這些挑戰的關鍵就是要我們眞實地感受自己的心跳，感受自己的膝蓋在發抖。眞實地感覺自己的任何反應，然後安住於其中。簡而言之，很少有人允許自己處在毫無退路或毫無出口的情況。

六〇年代時我住在新墨西哥州，時常去三溫暖做蒸氣浴。每次去那裡，我一定堅持坐在靠門口的地方，因爲如果不坐在門口，我就會出不來；裡面一定會越來越熱，我可能會死在裡頭。可是如果我能坐在門口，並且知道自己隨時可以脫身，那麼我就有辦法做完蒸氣浴。當然，即使我坐的太裡面，我還是必須做完，不過我會變得緊張兮兮，而無法好好享受蒸氣浴。但是，自從發了三昧耶誓之後，我就不再堅持坐在門口了。三昧耶誓是最終極的騙局，它使我們終於有膽量去體驗我們的經驗，它也是使我們進入永恆神性的唯一入口。

如果我們還沒準備好回應這項要求，就必須再走一段路。我們只能從困惑、狂傲出發，接受靜坐和佛法的馴服。不論聽見什麼教誨，都盡力在日常生活中實踐。這份眞誠的努力一定會使我們寧靜下來。我們不可能一下子就達到圓滿的境地，安於日常生活的一切。我們必須經年累月地修行，誠實地探索，才會開始相信自己的本慧。這時候我們就會發現自己根本的智慧，根本的善心。這份智慧和善心比我們的無情及侵略性更強大而根本。修行的過程中，我們會發現這份智慧。就像發現天空和太陽其實一直都在那裡，而風雨和烏雲來了又走了。不知怎地，我們自然而然就接受了事情是沒有退路的。

翻譯家馬爾巴是那洛巴最優秀的學生。有一次馬爾巴要到印度去，行前想把自己積蓄的金子送給老師。馬爾巴並不小氣，也不怯懦，他是一個十分勇敢而大膽的人。譬如，他的家人和朋友想找人陪他去印度，他雖然已經五十來歲，健康情形又不好，他還是拒絕與人同行。

話說他把自己最後的禮物獻上，但是仍保留了一點——我們都會這樣。說起來這也算合理，因爲他要走遠路，需要一點——只要一點點——盤纏。可是那洛巴卻說：「你以爲你騙得了我嗎？」馬爾巴只好把全部的金子都拿出來。那洛巴拿了金子卻往空中一丟，說道：「整個世界對我而言都是金子。」馬爾巴就這樣了悟了更深的實相。

除非我們能把一切都揭開來，否則我們是無法徹底體驗這個世界的。三昧耶誓意味著不保留任何東西，不留退路，不另覓他途，不認爲以後還有時間去做什麼事。在某種意義上，所有建立在三昧耶誓的關係都能使我們柔軟下來，不再欺騙自己；不再聾，啞，盲；能夠永遠接收到事物中的信息。與金剛乘導師建立三昧耶誓的關係能夠幫助我們，使我們認清只要和人——即使只有一個人——建立了無條件的關係，我們就能夠和這個世界建立無條件的關係。未曾建立這份關係之前，我們一直以爲我們有路可逃，還可以掙脫，但是建立這份關係以後，不論發生什麼事，我們都得承擔起來，不再逃避。

密勒日巴是馬爾巴的大弟子。一開始的時候他們的關係很不好。其實密勒日巴一點都不懷疑馬爾巴的智慧足以引導他開悟。他告訴馬爾巴說：「我的身、口、意全都皈依你，請你幫助我明心見性。」於是挑戰就開始了。由於他之前累積了許多業力，尤其是曾經殺過很多人，造成了許多人的痛苦。爲了卸下這些負擔，他必須歷經考驗。於是馬爾巴要他造塔，可是每次塔快要蓋好了，卻要他拆掉重蓋。他皈依馬爾巴的前幾年感覺非常痛苦。他建塔建到手、背酸痛，不但得不到馬爾巴的教導，反而受到諸多侮辱。然而他從不懷疑馬爾巴的動機。事實上，馬爾巴雖然很少表現出來，可是他的確全心疼愛密勒日巴，一心只想幫助他徹底解脫。密勒日巴每次接受了自己的現況，放下了憤怒、沮喪、傲慢，也就同時放下了長久以來的包袱。如此這般到達某個境地時，他已經完全赤裸，也就沒什麼東西可以喪失了。於是馬爾巴開始教導他，他們的關係自此進入了溫馨柔軟的階段。

這都只是一些過程罷了。一開始的時候，由於我們逃避的習慣還是相當根深柢固，所以必須設計一種花招來把自己綁在原地。這種花招就是練習靜坐，起先我們所接收到的指示只有不離身、口、意。年復一年，我們只重覆練習一件事，那就是回歸到每一個當下的經驗。

和導師定下三昧耶誓，進入無條件的關係，就像是把頭伸進鱷魚的嘴巴一樣。我們需要一些時日才能決定自己要不要長期和那隻鱷魚死守在一起。

這個過程對我個人而言是漸進的。我初見創巴仁波切時心裡就想著：「這個人我是騙不了他的。」於是就搬到科羅拉多以便多接近他。我雖然接近他，不過心裡可沒準備好要投降。

他時常嚇我，令我非常生氣。但這樣的做法其實是有它的智慧的。當時我不知道自己能不能信任他；最重要的是，我不知道自己是否敬愛他。我還記得有一次閉關的時候，我望著他的照片不禁哭了起來，因爲我感覺不到自己所設定的那份虔誠。

可是我還是一樣接近他。每當我覺得進退維谷或者豁然開朗時，他是我唯一能深談的人。他總是能洞悉我內心的幻覺。他時常在我出其不意的時刻——在人群當中，開會的時候——突然跟我講話，問我問題，或者丟下一句話，讓我的念頭完全靜止下來。

當了很久的學生，修持金剛乘很長的一段時間——比一般修行者與導師所建立的三昧耶誓的關係都要久得多——我終於明白我可以拿自己的性命來信任他了。不論他說了什麼話，做了什麼事，他就是我和聖境的橋樑。缺少了他，我沒有任何線索可以了解個中的奧義。我跟隨他的教導，漸漸覺醒以後，終於開始明白他無限的慈悲和心量的廣大。從此以後我唯一想安居的地方，只剩下了鱷魚的嘴巴。

我說三昧耶誓是一種騙局，意思是說這個騙局讓我們了悟我們和現象世界的關係是沒有選擇的。我們眞的沒有任何選擇。那個我們自認爲的選擇其實只是自我罷了。這份「選擇」好像眼罩、耳塞、鼻夾一樣遮蔽了我們，使我們不知道自己早就置身聖境之中。我們早已飽受制約，只要椅子一熱，甚至只要認爲椅子快熱了，我們就趕緊跳開。但是三昧耶誓這個騙局卻要我們安坐在椅子上，投入這個「坐熱椅」的經驗。不論有沒有和某位導師建立三昧耶誓的關係，上述的體驗都是生命的重點所在。

我們到底想把自己許諾給什麼？是不是想掌控我們的生活與世界，謹愼地玩這一場人生的遊戲，以便獲得安全感與肯定？還是一層深於一層地投入對慈悲的體會？問題永遠都一樣：我們皈依的對象到底是什麼？我們皈依的是不是那些狹隘的、自我滿足的行爲、言語和心念；還是，我們皈依的是戰士精神，大躍進的勇氣，以及頓超日常安全地帶的決心。

第二十一章

扭轉輪迴

我們平時總覺得自己
有什麼大問題必須對治。
但是老師的指示卻要我們停下來，
做一點不尋常的動作。
不要匆匆忙忙朝著以前習慣的方向跑，
而上了同樣的圈套。

不知爲何我們總是跟佛法保持一段距離。我們似乎把它當成了一種哲學或增強自我的速成課，不論別人怎麼鼓勵我們打坐或研讀與自己情感生活有關的佛法，每次碰到問題，我們還是忘記善用這些方法。當我們爲某人而心碎或生氣的時候，或是爲了某件事而想報復、想自殺的時候，我們往往認爲靜坐或佛法無法發揮功效，無法解決眞正的問題。

很多人都說光憑靜坐是不夠的；我們還需要治療和支持團體，才能處理那些進退維谷的問題。他們深深覺得佛法無法穿透到我們問題的底層。

我也時常建議學生們一些治療的方法。我認爲對某些人而言，這些善巧的方法非常有幫助。和不作評斷的治療師密切合作，往往能克服恐懼，培養慈悲心。不過我也知道佛法不但更具有革命性，而且——對許多人而言——更能提供我們需要的工具和支持的力量，從而發現自己的美、洞見以及處理痛苦和精神官能症的能力。

關鍵就在改變我們的習慣，尤其是改變心的習慣。還記得很久以前有一天，我突然明白了境由心生的道理，我發現我們總是以一成不變的方式來產生反應。其中的一種狀況和金錢有關。當時我們快沒錢了，我開始緊張起來，覺得自己頭上坐著一個十分沉重的東西。我開始驚慌失措。我必須想點辦法。如果沒有解決這個問題，我就輕鬆不起來。我根本沒辦法欣賞水面的陽光或是安坐在窗外那棵大樹上的老鷹。

這種狀況我太熟悉了。但是這一次我爲什麼觀察得這麼清楚，連我自己也不知道。或許這是幾年來誠實而不批判地觀察自身經驗的結果，又或許是多年來在打坐中看清楚自己何時會心思鶩散，何時又能回歸當下的結果。

反正，那一天我看清楚了這整件事。就在慣性的反應中，我看見了自己內心的活動。我不但看見了自己內心的活動，也停了下來。我不再按照以往的習慣企圖拯救那一天所面臨的困境。我決定不再急著扭轉禍事。「只有我能夠拯救大家」這種想法一生起，我只是看著它而任其自然生滅。我決心看看自己如果不輸入任何東西，事情會變成什麼樣子——即使一切都瓦解了，我也要看一看後果會如何。有時候你眞的必須讓一切都瓦解。

停止行動是第一步，也是最難的一步。不挽救事情，這完全違背了我做事的習性。我感覺好像有一個巨大的輪子，帶著無比的動力一直往習慣的方向滾，而我卻想把它扭轉過來。

佛法講的就是這個東西。扭轉所有的習性，把我們固化事物的傾向扭轉過來，也就是扭轉輪迴。我們平時總覺得自己有什麼大問題必須對治。但是老師的指示卻要我們停下來，做一點不尋常的動作，不要匆匆忙忙朝著以前習慣的方向跑，而上了同樣的圈套。

佛法裡有許多教誨可以扭轉現實。我們曾經聽過的包括「冥思所有會引起嗔恨心的東西」、「向尖銳點靠近」等等。創巴仁波切當年在西藏時，他的老師堪布・甘夏（Khenpo Gangshar）就是教他用這種生活方式修行的。他說這就叫做實相的不二本質。有一次我問他知不知道逃出西藏以後，堪布・甘夏的下落。他說他不確定，不過聽說他們一行人逃到印度以後，堪布・甘夏反而向東去了中國。

我們可以把上述的教誨應用在生活中，使我們對事物的知覺產生根本的變化。我的第一步就是決定不再從自己的習慣產生行動。佛法說現實是我們自己創造的，我們知覺到的一切都是自己的投射。我修行的第一步就是去實驗和探索這一則佛法。

我心裡的一切想法都急著要照以往的模式行事，可是我記得佛法說我們必須揚棄善惡對立的觀念，否則這個世界在我們看來永遠不是善神就是惡魔。我想探索這句話的眞僞。

由於我已經學會善待自己的意念和情緒，所以我進行這項實驗的態度還不至於僵化或嚴苛。如果不培養對自己的無限友愛，我們在道途上是不會進步的。靜坐、聽聞佛法都能提醒我們這一點。

有一次我到德州的奧斯丁傳法。我告訴他們稱自己的意念爲「念」的時候要注意自己的口氣；如果口氣太嚴峻，就柔和地再說一次。週末之後，有一個人跑來找我，他說他很喜歡這個法門：「我眞的很受用。現在我只要心思散漫，我就對自己說：『兄弟，念』。」

然而，許多人縱然經過多年的修行，態度還是相當嚴苛。我們總是懷著罪惡感修行，好像只要修得不對，我們就會遭到擯斥一樣。我們修行好像是爲了雪恥，我們似乎很怕別人批評我們打坐的功夫不夠高。有一則笑話說佛教徒如果不打坐就會有罪惡感。這樣的態度是完全沒有樂趣的。

或許最重要的法門就是放鬆和開心了。它可以幫助我們那混亂的狂心憶起自己本有的溫柔，然後將其擴散出來，把抱怨和苛求自我這些銳角磨圓。

有的人接受別人比接受自己容易。我們總覺得慈悲應該是保留給別人的，而始終不明白對自己也要慈悲一些。

我的經驗是，只要修行時不抱什麼「應該」如何的觀念，我們就會逐漸發現自己的信心和覺醒之心。除了誠實和慈悲之外，不需要有什麼進度表，我們就會漸漸地在這個無常的世界，在當下這獨特的一刻，在自己這個寶貴的人身上，負起安住於此時此地的責任。

最後我終於到達某個時刻，開始準備好讓自己內心的習性趨力減緩下來，而不再那麼容易被料中。我不再按照自己熟悉的方式行事了。一開始眞的很難辦到。我總是渴望解決問題。創巴仁波切說這是「對輪迴所生起的懷舊之情」。我雖然渴望按照舊有的模式行事，不過我對佛法的好奇心還是更高一些，於是我就這麼跨進了無人之境。處在這種境界，我的感覺是搖擺不定的。那個境界非常的眞實，不再是從經書中讀到的空泛理論。我根本不知道下一步會怎麼樣，只知道發生任何事都比回到慣性反應要好。

每一個動作都很重要。每一個意念、每一種情緒都很重要。這就是我們的道途，我們應用佛法的方式，也是我們爲什麼要靜坐的原因。我們在這個世界的時間非常短暫，即使能活到一百零八歲，生命還是太短暫了，根本來不及目睹其中的奇蹟。佛法就是我們的每一個言、行和意念。我們至少要有意願看見自己又再起煩惱心了，而且能毫不尷尬。我們能不能不再認爲自己有問題，而只是做個普通人，一個能夠在當下停止一成不變的習慣而放鬆自己的人？

我的經驗是，我們的心念確實會因爲放鬆而減緩下來。奇妙的是，心念一旦減緩下來，你似乎有較大的空間可以呼吸、跳舞，感覺上也比較快樂。

佛法可以治療我們的創傷，那些古早以來的創傷。這個創傷不是來自原罪，而是來自誤解。這份誤解因爲太古老了，所以我們已經看不到它了。方法就是從當下對自己的慈悲出發，了解自己的處境是可以扭轉的。我們總是陷在緊抓不放和固化事物的模式中，我們一再引發相同的意念，也一再引發相同的反應。我們就這樣投射出我們的世界。但是如果能看清楚這一點，即使這「看清楚」只是三個星期裡的一秒鐘，我們都會找到方法，而把固化的過程倒轉過來，停止自閉的傾向，放下陳舊的包袱，跨進新的領域。

如果你想知道如何才能辦到上面所說的這一切，答案其實很簡單。把佛法應用在個人的日常生活中，全心全意地探索，但同時放鬆下來就對了。

第二十二章

道途就是目標

解脫如果是可能的，
那一定是在當下，
不在未來。
當下即是解脫的時刻。

善用自己的生命使自己更加智慧而不再困窘，這件事需要什麼代價？在個人的層次上，智慧的源頭在哪裡？

就我所了解的佛法而言，這些問題的答案似乎是「把我們遭遇的一切事物都帶上道」。萬事萬物很自然都會歷經基礎、道途和結果。這等於在說凡事都有開始、中途和結束。不過也有人說過道途既是基礎，也是結果。所以有時候我們會看到這樣的句子：「道途就是目標。」

此道有一個特質，那就是，它並不是事先規劃好的，它原先並不存在。我們所說的道途就是自身的經驗、現象世界每分每秒的演化過程、我們自身的意念與情感在每一剎那的演化。

此道不是第六十六號公路，目的地洛杉磯。我們能夠拿出地圖圈出今年我們要去墨西哥的嘉勒普（Gallup），明年要去洛杉磯，但是此道不能如此規劃。此道是標示不出來的，它時時刻刻出現，卻又隨時消失；很像坐火車時坐位是反方向的，看不見火車往哪裡行駛，只看見火車行駛過什麼地方。

這樣的佛法很令人振奮，因爲它告訴我們不管今天發生了什麼事，都是智慧的源頭。此時此刻不論發生了什麼事，都是智慧的源頭。

我們隨時都處在某種心境中。也許是悲傷，也許是憤怒，也許什麼都不是，而只是一種隱隱約約的東西。或許是幽默，或許是滿足，不論是什麼心境，那心境都是道。

生命中一旦有了傷痛，我們通常都認爲那絕不是什麼道或智慧的源頭，反而認爲我們之所以上道，就是要去除這份痛苦。（「到了洛杉磯以後就不會有問題了。」）然而就是因爲想去除這股情緒，我們才不知不覺間侵犯了自己。

事實上，不論是誰，只要是曾經善用生活的每一刻、每一天、每一年來增長智慧，增進慈悲心或自在心，大概都是從當下這一刻所發生的事而習得的。我們可以當下就發願對任何人、事慈悲，當下就發願對自己眼前的一切敞開，放鬆。現在就是解脫的時刻。解脫如果是可能的，那一定是在當下，不在未來。當下即是解脫的時刻。

當下就是唯一的存在。如何處在當下，決定了我們的未來。換句話說，如果我們未來會活得快樂，那是因爲我們現在渴望並且努力活得快樂。我們的所作所爲都會累積，未來就是現在所作所爲的結果。

如果我們發現自己的生活一團糟，不必爲這些情況而感到內疚。相反的，我們可以省思一個事實，那就是目前我們如何處理眼前的混亂，就會決定此事在未來如何發展。同樣都是那麼費力，我們可以把自己弄得很悲慘，也可以使自己很堅強。此時此刻我們就在創造明天的心境，更不用說創造下午的心境，下個禮拜、明年、此後一生的心境了。

有時候我們會碰到一些人，我們看他活得很幸福，不知道他爲什麼可以活得這麼幸福，而心嚮往之。然而這份幸福往往是勇敢地、清醒地活在每一刻的結果。其中包括了不快樂的時刻，黑暗的時刻，烏雲遮蔽了陽光的時刻。透過我們自己的善意，我們會願意堅定而溫柔地直接和眼前發生的事物相連。如此就能創造出根本的喜悅和輕鬆的心境。

我們一旦明白道途即是目標，就會感覺凡事都能行得通。創巴仁波切說過：「從我們困惑的心中所生起的一切現象都可視爲解脫之道。凡事都能行得通。這是無懼的宣言，如同獅吼一般。」從我們困惑的心中所生起的一切現象，都可以被視爲道。凡事都能行得通。

置身於看似不愉快或痛苦的情境，我們時常會想：「這難道也算是一種解脫嗎？」這時候我們應該提醒一下自己，情況雖然不盡理想，但也不必因此而進入昏睡狀態。不理想的狀況不一定非得引發慣性反應。我們可以讓這件事點出我們眞實的處境，我們可以用它來提醒我們，佛法一向鼓勵我們用堅定而溫柔的態度慈悲地看待每一刻。能夠用這種態度生活，我們就會時常——甚至一直——覺得置身十字路口，而不知道前面有什麼東西。

這是一種很不安全的生活方式。我們會時常發現自己置身於兩難之局中——有人在生我的氣，我該怎麼辦？我在生某人的氣，我該怎麼辦？基本上，佛法建議我們不要試圖解決煩惱，而是把煩惱當作問題，問自己如何才能利用它們來進一步喚醒自己，而不是把自己哄入無明。我們可以利用某種困境來鼓舞我們向前躍進，邁入曖昧不明的境界中。

這種法門適用於最可怕的情境。沙特（Jean-Paul Satre）說過，走進毒氣室有兩種方式，一種是自由的，一種是不自由的。我們每一刻都面臨著這種抉擇。那麼我們到底是要痛苦地看待各種情境，還是要開放地看待各種情境。

就是基於這個道理，所以我們才說不論發生什麼事都可以被視爲道；凡事都能行得通，不是只有某些事才行得通。這個法門是一項無懼的宣言，宣告你我這般的普通人都可能辦得到這一點。

我們活在一個艱困的時代。我們強烈地感覺到以後情況還會更糟。創巴仁波切傳授了許多提升社會的教誨。他熱情而無懼地傳授的教誨，可以幫助我們創造出一個勇敢的時代，在其中人們將體會到自己的良善，並且能推己及人兼善天下。我秉持著個人對這些肺腑之言的體悟，將其中的一部分傳達給各位。但願這些教誨能在你們的心中紮根，並且欣欣向榮，但願現在與未來的一切有情眾生都能因此而受益。

二十週年紀念版後記

一九九七年，《當生命陷落時：與逆境共處的智慧》出版，我在書尾寫著：「以後情況還會更糟。」從多方面看來，如今已成事實。新聞充滿了難民危機、貧富懸殊、環境惡化、政治僵局、伊斯蘭國的報導。到處是疏離、抑鬱和焦慮。一整代人在電子產品中長大，散亂心被養得益發壯大。每一天，科技都帶領我們開往越來越遠的未知領域。

然而這還只是一面。由於這個世界越來越不確定而且世事更加無端無由，我們對外在的情況再也無從掌控，已經退無可退。一個可能的回應是，蜷縮在角落，希望混亂和痛苦自行消失。但是，在我們內心深處，知道這絕無可能。另一個方案是，利用這個機會開始覺醒。哪個法子比較合理呢？如果我們決定接納這失控的情況，放下抗拒和怨恨，學習和成長的機會就絕不會少。這個世界，無論如何瘋狂而且不合理，都是我們最偉大的老師和盟友。正如我的老師丘陽創巴仁波切說的：

「這世界處處透露訊息。」

二〇〇〇年，霍比族長老對這發生在我們身上的困難時刻，發表了一個預言，他們說：「現在有一條河流非常湍急，水勢洪大汛急，有些人會心生畏懼，於是努力抓緊岸邊，怕自己被沖得四散分離，痛苦不堪。」現代世界非常擅長栩栩如生地向我們展示自己如何被鉤絆、如何卡在僵固的心態裡，而且如何習慣在痛苦中一再輪迴往復。這種時代讓我們越來越難以抓住河岸，因此，霍比族長老建議：「躍入河中，睜開雙眼，把頭抬高超出水面」一旦如此，我們就可以看到還有同伴在河裡，並且「禮讚」。長老們並不哀嘆此刻的情況，反而說：「這可能是個不錯的時代！」

現勢中仍有許多值得禮讚之處。過去二十年間，全球各地的人們都對這迫切的需要做出回應——開始不再緊抓岸邊了。佛陀和其他聖賢的教示從未如此興盛。人們在外在條件益發艱困之際，開始發現內心的稟賦。雖然我們有著毀滅的危險，反而讓許多人觸到堅不可摧的本初智慧和本初善一直與我們同在。

對周遭的痛苦，我們可以看到許多令人鼓舞的反應。二〇〇一年，飛機衝入世貿中心後，全美各地的人們開始修行自他交換法，從內心對受害者送出愛和關懷，願意承受他們的痛苦。去年，一名年輕人在南卡羅來納州的教堂殺害九人，希望煽起一場種族戰爭，社區成員公開表示寬恕。在這衝突加多加劇的時代，利他心也在上揚。許多參與人權、環境保護、慈善組織和動物保護的人士正在盡力活出現代版的菩薩，把他人的需要放在己身之先。雖然網路和社交媒體是嚴重散亂心的源頭，它們同時也證明了我們相互依存，而且力量強大，可以凝聚人們。本書最初在一九九七年出版時，還沒有網上佛法社群，而現在資深禪修老師所帶領的網路課程正各處傳播佛陀的智慧。

有一個著名的佛法偈句是這樣說的：「欲知今日果，過去造者（身、語、意行）是。欲知未來果，今日造者（身、語、意行）是。」今天世界所發生的現象，是地球上每個人集體意行、語行和身行的結果。我們不可能把落到此一地步的原因一筆勾消，使情勢立現轉機。但在邁向未來之際，我們應該爲自己的心態負起責任，與其繼續封閉內心並死守個人的領域，不如學著放鬆，與實相的本質同在，那本質就是不可確定和不可預測。世界若要從一個傾軋不斷升高之處轉化爲一個覺醒之處，這是唯一途徑。學習如何清醒地與亂世共處，不再是遙不可及的奢侈品，而是我們的責任，好在這能力人人本具。

現在，從二十年後的角度來看，我很高興還活在這個時代，出奇幸運地與來自許多傳統的睿智男士女士同在，他們一再向我們傳遞這樣的信息：「檢視內心，保持好奇。接受世事的無端無由。放輕鬆，給混亂沏上一杯茶。放掉『我們和他們』，別背過頭轉身離去。你一思一行都會牽動地球上每一個人。讓這世界的痛苦觸動你的慈悲心，使慈悲心綻放。永遠不要放棄自己。」

我尤其感謝我的老師——我追隨學習的丘陽創巴仁波切、吉噶康楚仁波切、薩姜米龐仁波切，以及許多其他老師——無畏地體現了這些教義。通過他們的身教，我們可以看到每件事確實都有著力之處。我也感謝所有在過去幾十年來一直在學習和踐行佛法的未來菩薩，幫助佛法在現代世界建立穩固的立足點。願佛陀的智慧，在這個不可預測、令人心碎，又令人振奮的世界中繼續傳揚、昌盛，利益一切眾生。

※本篇由雷叔雲譯

感謝詞

衷心感謝琳・凡・德・邦特（Lynne Van de Bunte）。他不但保留了本書這些談話的錄音，還找了下列諸君來騰稿：海蒂・烏茲（Heidi Utz）、瑞克斯・瓦希本（Rex Washburn）、吉尼・戴維斯（Ginny Davies）、艾琳暨比爾・菲爾（Eileen and Bill Fell）。艾琳暨比爾・菲爾將全文輸入了電腦。我非常感謝他們。我也很感謝琳將那麼久以前的錄音帶謄寫出來。除了她之外，沒有人聽得出來裡面講些什麼。最後，特別感謝我的朋友兼編輯艾蜜麗・希爾本・雪兒（Emily Hilburn Sell）。她接下一箱沒有編目的錄音稿，卻把它們變成了這本書。沒有她的才能、勤奮、專注，我出不了什麼書。能夠和她共事，覺得非常幸運。

延伸閱讀

佩瑪．丘卓的作品

- 《慈悲之書》，2017，心靈工坊。
- 《生命如此美麗：在逆境中安頓身心》，2014，心靈工坊。
- 《不被情緒綁架：擺脫你的慣性與恐懼》，2012，心靈工坊。
- 《生命不再等待》，2008，心靈工坊。
- 《不逃避的智慧》，2005，心靈工坊。
- 《與無常共處：108 篇生活的智慧》，2003，心靈工坊。
- 《轉逆境為喜悅：與恐懼共處的智慧》，2002，心靈工坊。
- *Pure Meditation: The Tibetan Buddhist Practice of inner Peace*，2000，Shambhala Publications。
- *Good Medicine: How to Turn Pain into Compassion. With Tonglen*

Meditation，1999，Shambhala Publications。

- *Awakening Compassion：Meditation Practice for Difficult Times*，1997，Shambhala Publications。
- *Awakening Loving-Kindness*，1996，Shambhala Publications。
- *Start Where You Are: A Guide to Compassionate Living*，1994，Shambhala Publications

其他作品

- 《動中正念：透過禪修和日常覺知與自己爲友》，2017，邱陽・創巴仁波切（Chögyam Trungpa Rinpoche），眾生。
- 《最後一次相遇，我們只談喜悅》，2017，達賴喇嘛（Dalai Lama）、戴斯蒙・屠圖（Desmond Tutu）、道格拉斯・亞伯拉姆（Douglas Abrams），天下雜誌。
- 《人生斷・捨・離 一切都是最好的安排（增訂版）》，2017，加措仁波切，人類智庫。
- 《佛陀之心：一行禪師的佛法講堂【增修新版】》，2017，一行禪師（Thich Nhat Hanh），橡實文化。
- 《跟一行禪師過日常（5冊合售）》，2016，一行禪師（Thich Nhat Hanh），大塊文化。
- 《不思量的藝術：一行禪師教你以靜的力量安度紛擾與不安》，2015，一行禪師（Thich Nhat Hanh），商周出版。
- 《西藏生死書（附DVD）四版》，2015，索甲仁波切（Sogyal Rinpoche），張老師文化。
- 《靜心：達賴喇嘛帶你回到最澄澈的本性》，2015，達賴喇嘛（Dalai Lama），天下雜誌。
- 《用正念擁抱恐懼》，2013，一行禪師（Thich Nhat Hanh），商周出版。
- 《自由的迷思（新版）》，2013，創巴仁波切（Chögyam Trungpa），眾生。
- 《跑步之心：同時鍛鍊身與心的禪跑》，2013，薩姜·米龐仁波切（Sakyong

Mipham Rinpoche），橡實文化。

- 《動中修行（新版）》，2011，創巴仁波切（Chögyam Trungpa），眾生。
- 《突破修道上的唯物》，2011，邱陽．創巴仁波切（Chögyam Trungpa Rinpoche），橡樹林。
- 《覺悟勇士：香巴拉的智慧傳承》，2006，邱陽．創巴仁波切（Chögyam Trungpa），橡樹林。
- 《心的導引（修訂版）》，2006，，薩姜．米龐仁波切（Sakyong Mipham Rinpoche），橡樹林。
- 《隨在你：放心的智慧》，2005，吉噶．康楚仁波切（Dzigar Kongtrül Rinpoche），心靈工坊。
- 《東方大日》，2002，創巴仁波切（Chögyam Trungpa），橡樹林。
- 《無盡的療癒：身心覺察的禪定練習》，2001，東杜法王（Tulku Thondup），心靈工坊。
- 《心靈神醫》，1998，東杜法王（Tulku Thondup），張老師文化。

心靈工坊
PsyGarden
Holistic 118

當生命陷落時：與逆境共處的智慧（二十週年紀念版）

When Things Fall Apart: Heart Advice for Difficult Times, 20th Anniversary Edition

作者—佩瑪・丘卓（Pema Chödrön）

譯者—胡因夢、廖世德

出版者—心靈工坊文化事業股份有限公司
發行人—王浩威　總編輯—徐嘉俊
執行編輯—林妘嘉　封面設計—黃昭文　內頁排版—李宜芝
通訊地址—10684台北市大安區信義路四段53巷8號2樓
郵政劃撥—19546215　戶名—心靈工坊文化事業股份有限公司
電話—02）2702-9186　傳真—02）2702-9286
Email—service@psygarden.com.tw　網址—www.psygarden.com.tw

製版・印刷—彩峰分色製版印刷事業股份有限公司
總經銷—大和書報圖書股份有限公司
電話—02）8990-2588　傳真—02）2290-1658
通訊地址—248新北市新莊區五工五路二號
二版一刷—2017年09月　二版五刷—2024年9月
ISBN—978-986-357-097-4　定價—300元

When Things Fall Apart: Heart Advice for Difficult Times, 20th Anniversary Edition
© 1997 by Pema Chödrön
Afterword to the 20th Anniversary Edition © 2016 by Pema Chödrön
Published by arrangement with Shambhala Publications, Inc.,
4720 Walnut Street #106 Boulder, CO 80301, USA,
www.shambhala.com through Bardon-Chinese Media Agency
Complex Chinese translation copyright © 2017 by PsyGarden Publishing Co.
ALL RIGHTS RESERVED

版權所有・翻印必究。如有缺頁、破損或裝訂錯誤，請寄回更換。

國家圖書館出版品預行編目資料

當生命陷落時：與逆境共處的智慧 / 佩瑪.丘卓(Pema Chödrön)著；胡因夢, 廖世德譯. -- 二版. --
臺北市：心靈工坊文化, 2017.09　面；　公分. -- (Holistic；118)

二十週年紀念版
譯自：When things fall apart : heart advice for difficult times
ISBN 978-986-357-097-4(平裝)

1.藏傳佛教　2.佛教修持

226.965　　106013651

心靈工坊 PsyGarden 書香家族 讀友卡

感謝您購買心靈工坊的叢書，爲了加強對您的服務，請您詳填本卡，
直接投入郵筒（免貼郵票）或傳眞，我們會珍視您的意見，
並提供您最新的活動訊息，共同以書會友，追求身心靈的創意與成長。

書系編號－HO118　書名－當生命陷落時：與逆境共處的智慧（二十週年紀念版）

姓名　是否已加入書香家族？ □是 □現在加入

電話（公司）　（住家）　手機

E-mail　生日　年　月　日

地址 □□□

服務機構／就讀學校　職稱

您的性別—□1.女 □2.男 □3.其他

婚姻狀況—□1.未婚 □2.已婚 □3.離婚 □4.不婚 □5.同志 □6.喪偶 □7.分居

請問您如何得知這本書？

□1.書店 □2.報章雜誌 □3.廣播電視 □4.親友推介 □5.心靈工坊書訊
□6.廣告DM □7.心靈工坊網站 □8.其他網路媒體 □9.其他

您購買本書的方式？

□1.書店 □2.劃撥郵購 □3.團體訂購 □4.網路訂購 □5.其他

您對本書的意見？

封面設計	□ 1.須再改進	□ 2.尙可	□ 3.滿意	□ 4.非常滿意
版面編排	□ 1.須再改進	□ 2.尙可	□ 3.滿意	□ 4.非常滿意
內容	□ 1.須再改進	□ 2.尙可	□ 3.滿意	□ 4.非常滿意
文筆／翻譯	□ 1.須再改進	□ 2.尙可	□ 3.滿意	□ 4.非常滿意
價格	□ 1.須再改進	□ 2.尙可	□ 3.滿意	□ 4.非常滿意

您對我們有何建議？

□ 本人＿＿＿＿＿＿＿＿（請簽名）同意提供真實姓名/E-mail/地址/電話/年齡/等資料，以作為心靈工坊聯絡/寄貨/加入會員/行銷/會員折扣/等用途，詳細內容請參閱：http://shop.psygarden.com.tw/member_register.asp。

廣　告　回　信
台北郵局登記證
台北廣字第1143號
免　貼　郵　票

心靈工坊 PsyGarden

台北市106 信義路四段53巷8號2樓
讀者服務組　收

免　貼　郵　票

（對折線）

加入心靈工坊書香家族會員
共享知識的盛宴，成長的喜悅

請寄回這張回函卡（免貼郵票），
您就成爲心靈工坊的書香家族會員，您將可以——

⊙隨時收到新書出版和活動訊息

⊙獲得各項回饋和優惠方案